数学文化彩虹桥 ③

扫码听课
轻松学练

- 陈加仓　包含丽 / 主编
- 谷尚品　符玲利 / 副主编
- 陈肖慧　胡依贴　徐滨伊 / 编著

广西师范大学出版社
·桂林·

数学文化彩虹桥 3
SHUXUE WENHUA CAIHONG QIAO 3

策　　划：敖登格日乐
责任编辑：田　莉
责任技编：王增元
封面设计：卜翠红
内文版式：叶晓丽

图书在版编目（CIP）数据

数学文化彩虹桥. 3 / 陈加仓，包含丽主编. --桂林：广西师范大学出版社，2024.7
ISBN 978-7-5598-6951-7

Ⅰ．①数… Ⅱ．①陈… ②包… Ⅲ．①小学数学课－教学参考资料 Ⅳ．①G624.503

中国国家版本馆 CIP 数据核字（2024）第 097002 号

广西师范大学出版社出版发行

（广西桂林市五里店路9号　邮政编码：541004）
　　网址：http://www.bbtpress.com
出版人：黄轩庄
全国新华书店经销
北京汇瑞嘉合文化发展有限公司印刷
（北京市北京经济技术开发区荣华南路10号院5号楼1501　邮政编码：100176）
开本：787 mm × 1 092 mm　1/16
印张：13　　　字数：130千
2024年7月第1版　　2024年7月第1次印刷
定价：48.00元

如发现印装质量问题，影响阅读，请与出版社发行部门联系调换。

序 言

　　《数学文化彩虹桥》丛书是一套适合小学一至六年级学生进行数学学习、探究、阅读的图书，共6册。其中1至3册每册24个主题，4至6册每册28个主题，共156个主题。这套书集聚温州大学城附属学校数学教育成果以及温州大学华侨网络学院华文教育的研究优势，每一个主题均选自陈加仓名师工作室团队为温州大学华侨网络学院学生量身定制的课程。书中将古诗词、二十四节气、神话故事、爱国主义精神等中华文化元素融入数学教学中，相应课程一经推出，便得到了海外华文学校师生的高度认同。

　　著名数学家谷超豪曾说："人言数无味，我道味无穷。"《数学文化彩虹桥》丛书就是一套能让孩子感受数学魅力，增加探究兴趣，从阅读中体悟数学中的童趣和中华传统文化的图书，能让孩子对数学知识产生浓厚的求知欲。这一特点体现在设问上，如"雪花长什么样子，你能画出来吗？雪花中还藏着哪些秘密？"一朵雪花就能带着孩子品味数学的魅力；再如"我能猜出你心中的数，你信吗？"一句话就能轻松调动孩子的好奇心。好奇心是孩子学习过程中最好的老师，它将带着孩子走向数学研究的深处。

该丛书是一套有具体情境、实际问题、可操作记录的读物，让孩子在"读玩做合一"的理念下进行数学探究活动，感受数学文化中蕴含的深奥内容、游戏中包含的深刻道理。

　　我们期盼，这套丛书能成为孩子课堂内外的学习材料、家庭教育的辅助参考、教师教学的有益资源，促进孩子在数学学习上的发展。总而言之，三言两语说不完《数学文化彩虹桥》丛书多有趣，只有亲临其中，展开阅读、思考、探索和实践，和书中的人物积极对话，你才能感受数学知识文化有多丰富，智慧营养价值有多高。

　　小朋友们，快来阅读吧！相信在阅读本书之后，你会对数学有一种全新的认识，会产生浓厚的兴趣，进而获得知识，提高能力。

　　愿你们眼里总有星辰大海，不负时光，勇往直前！

主编
2024 年 6 月

人物介绍

熊猫

性格特点：积极乐观、招人喜欢

兴趣爱好：吃竹笋、卖萌、睡觉和给小朋友提问题

博士

性格特点：温和、睿智、博学多才

兴趣爱好：研究问题，总结规律，探寻事物的本质

华华

性格特点：乐观开朗、积极向上

兴趣爱好：踢足球、打羽毛球、编程、读书

佳佳
性格特点：善良温和、有责任感
兴趣爱好：喜欢小动物、热心公益、弹古筝、写书法

慧慧
性格特点：独立自信、活泼开朗
兴趣爱好：下围棋、做手账、看电影、读书

侨侨
性格特点：聪明机灵、勇敢正直
兴趣爱好：攀岩、拼搭玩具、问问题、思考

融融
性格特点：可爱懂事、善解人意
兴趣爱好：跟小朋友做游戏、听妈妈讲故事、游泳

目 录

1. 有趣的七巧板 …………………………… 1
2. 分月饼 …………………………………… 9
3. 剪圆片 …………………………………… 17
4. 数线段 …………………………………… 24
5. 有趣的规律 ……………………………… 30
6. 神秘的算筹 ……………………………… 37
7. 巧算 24 点 ……………………………… 44
8. 中国古代的长度单位 …………………… 55
9. 时间知多少 ……………………………… 64
10. 乘法与图形 …………………………… 71
11. 就餐人数 ……………………………… 81
12. 过河问题 ……………………………… 88
13. 数学与体育 …………………………… 94

14.1 支笔多少钱 ········· 104

15. 倍数问题 ············· 113

16. 蜗牛爬井 ············· 126

17. 数独游戏 ············· 134

18. 算盘知多少 ··········· 146

19. 成语中的数学 ········· 155

20. 兔子跑步 ············· 161

21. 古诗中的数学 ········· 167

22. 神奇的"杨辉三角" ····· 175

23.1 张纸的厚度 ········· 183

24.1 粒米的质量 ········· 187

参考答案 ················ 191

附页 ···················· 197

1 有趣的七巧板

扫码听讲解

猜谜语

一二三四五六七，七个伙伴在一起。
齐心协力拼图形，千变万化真神奇。
（打一智力玩具）

小朋友们，这是什么智力玩具？

我知道，这是我国一款传统的智力玩具——七巧板！

七巧板简历

姓名：七巧板（智慧板）

国籍：中国

年龄：2100 多岁

成员：7 块大小各异的基本几何图形

外国人还叫它"东方魔板"，小小的 7 块板可以拼出成百上千种不同的图形呢！

动手操作 仔细观察一副七巧板，它是由几块板组成的？它们分别是什么图形呢？

七巧板一定是 7 块板呀！它由 5 块三角形、1 块正方形和 1 块平行四边形组成。

❶ 选择七巧板中较小的两块三角形，你能拼出哪些图形？请你先想一想，再画一画。

❷ 选择七巧板中的三块，你能拼出哪些图形？请你先想一想，再画一画。

第 ❶ 题用两块小三角形的太简单啦！我拼出来了。

正方形　　　　三角形　　　　平行四边形

第 ❷ 题好难啊！我试了好几次，拼出了下面的图形。

五边形　　　　　　　　　长方形

正方形　　　　　　　　　三角形

平行四边形

下面的图形你能拼出来吗？快来试一试吧！

❶ 用你手中的七巧板，试着拼出下面六个图形。

想一想，你觉得它们像什么？

❷ 数字是我们的好伙伴，七巧板也能拼出数字！小朋友们可以试着拼一拼！

文化链接

七巧板的故事

七巧板是中国古代劳动人民的发明，其历史至少可以追溯到公元前一世纪，到了明代基本定型。

在18世纪，七巧板流传到了国外。英国科学史学家李约瑟说它是"东方最古老的消遣品"之一，英国剑桥大学的图书馆里还珍藏着一部记录七巧板的古籍《七巧新谱》呢。

下面用七巧板拼出的每一幅图，都代表了一个中国典故。请小朋友读一读，拼一拼。你能拼出这些图吗？

五十步笑百步

战国时候，孟子跟梁惠王谈话，打了一个比方，有两个士兵从前线上败下来，一个退了五十步，另一个退了一百步。退了五十步的就讥笑退了一百步的，说他不中用。其实两个人都是在退却，只是跑得远近不同罢了（见于《孟子·梁惠王上》）。比喻自己跟别人有同样的缺点或错误，只是程度上轻一些，却讥笑别人。

鹦雀笑鹏

传说，古时候中国北方的原野上有一种鸟，它的名字叫"鹏"。鹏长得很大，背脊像一座大山，翅膀像一大片云，能把天空遮住。它张开翅膀能冲破风暴，在九万里高的天空中飞行，始终飞向南方的大海。

有一只叫鹦雀的小鸟，在地上蹦蹦跳跳，无拘无束，特别愉快。它望着天空中展翅飞翔的大鹏，忍不住发笑，说："咳，看你神气活现的！我呀，一蹦一跳，就有十几尺，多么痛快啊！我每天在这些杂草和树丛里，来来去去，自由飞行，不也飞得挺好吗？可是，你又能飞到哪里去呢？"

 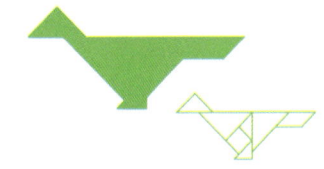

熊渠子射石

熊渠子走夜路，隐约看见一块虎形石，以为是老虎，急忙用全身的力气拉弓射出一箭。当他走近看，连箭尾都射进石头里了。真奇怪！回到原地再射一箭，结果箭折断了，石头上却没有一点儿痕迹。

 **快和爸爸妈妈一起来挑战吧!**

❶ 查一查：除了七巧板，有没有四巧板、五巧板、六巧板呢？和爸爸妈妈一起查阅资料，也可以自己动手做一副玩一玩哦！

❷ 编一编：小朋友们，请用手中的七巧板，先拼一拼，再编个小故事吧！

我想编《孔融让梨》《司马光砸缸》《凿壁偷光》……的故事。

小提示：在每个图形中，7块板都要用上哦！

❸ 做一做：如果身边没有七巧板，也可以自己做一副哦！

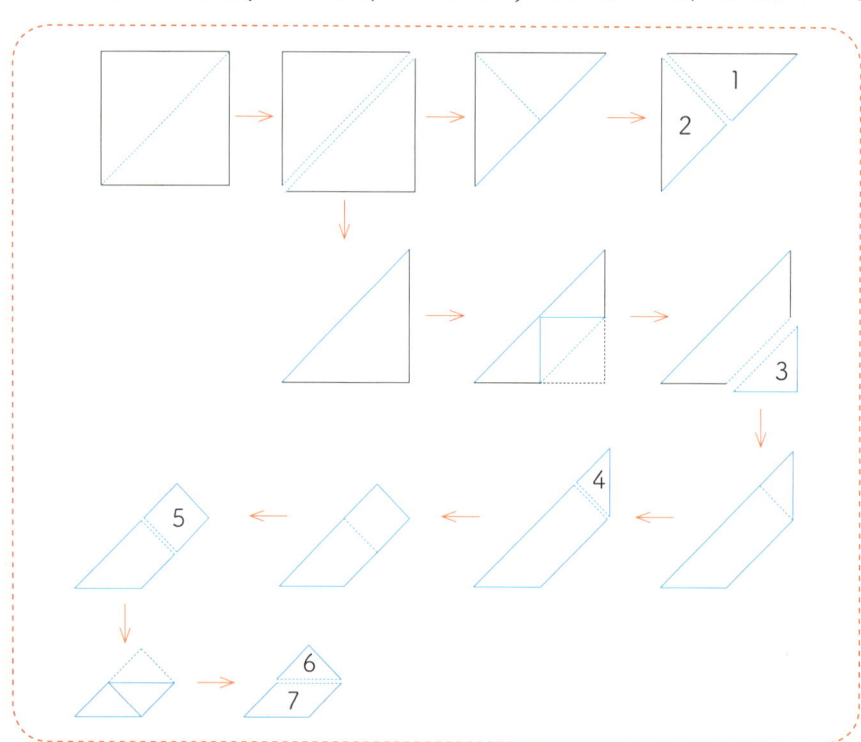

❷ 分月饼

扫码听讲解

猜谜语

非上非下，非夏非冬，
非年非日，非糕非粽。

（打一食物）

 我知道，是中秋月饼！

没错！我最爱吃月饼了，可惜只有中秋节的时候才能大快朵颐。

 侨侨，中秋节（农历八月十五日）是我国的传统节日，每年的中秋节，我们家都会围坐在一起赏月、吃月饼！

如果有 4 个月饼，分给佳佳和慧慧，每人平均分几个？

 4÷2=2（个），那么简单！

如果把1个月饼分给华华和侨侨，每人平均分几个？

 $1 \div 2 = \frac{1}{2}$（个），每人可以分到二分之一个，也就是半个！

动手操作 把1个月饼分给华华、侨侨、佳佳、慧慧4个人，每人平均分多少？（画一画，算一算）

 我来画一画。$1 \div 4 = \frac{1}{4}$（个）。

那我算一算：$1 \div 4 = \frac{1}{4}$（个）。每人可以分到四分之一个。

2. 分月饼

我这里有3个月饼,分给华华、侨侨、佳佳、慧慧4个人,要使每人分得同样多,应该怎么分?

月饼太难画啦!我用 🟠 来代替!

分一分

① 用圆片代替月饼,折一折,分一分。
② 尝试用不同的方法分月饼。
③ 记录你的想法。

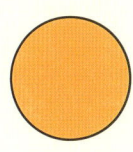 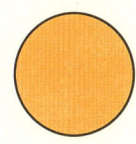 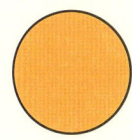

一起来交流

我的方法是这样的:我把每个月饼都平均分成4份,再分给4个人!

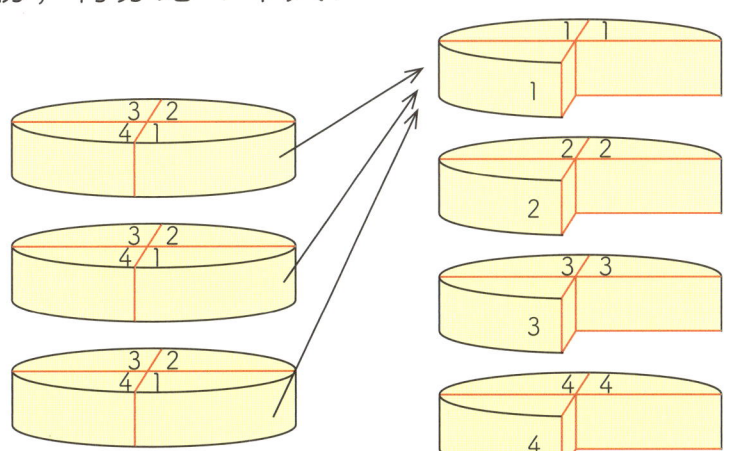

我把这3个月饼摞在一起切，那么其中的1份就是一个人应分到的月饼量。

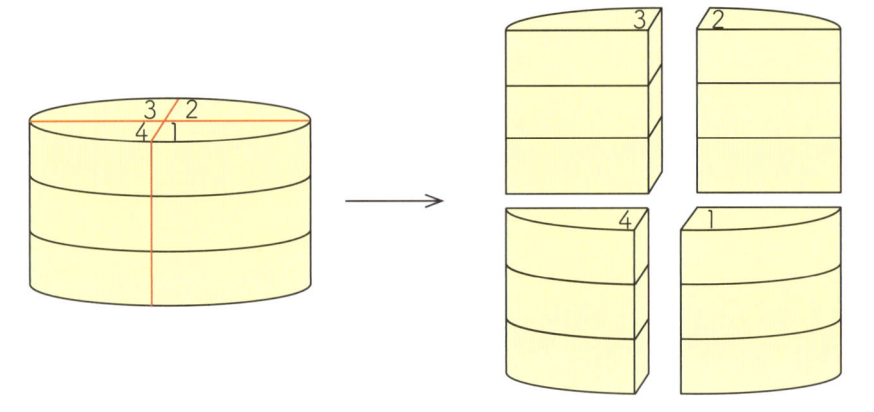

我也像侨侨那样切，把切出来的一摞拼成1份，剩下的以同样的方式拼，然后分给其他3人。

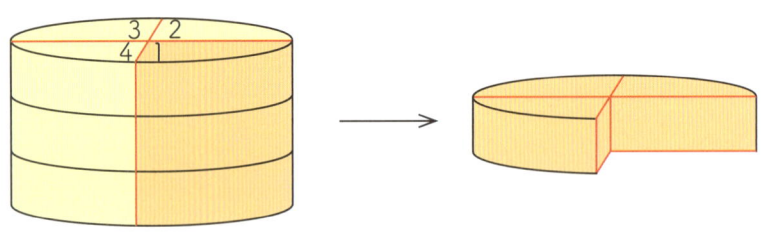

我先分前两个月饼，每人分半个；然后再分最后一个月饼，每人分到最后一个月饼的 $\frac{1}{4}$ 个。

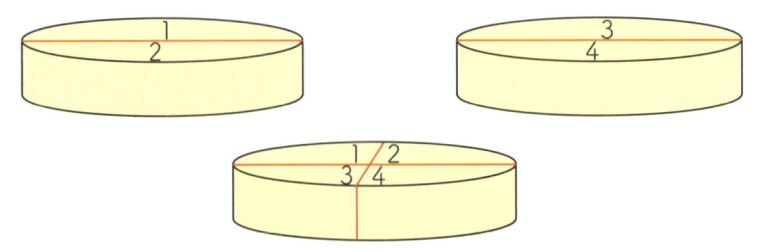

2. 分月饼

当月饼不一样大时，怎么分呢？小朋友们，来试一试吧！

有3个大小不同的月饼，分给佳佳、慧慧、融融、侨侨4个人，要使每人分得同样多，应该怎么分？

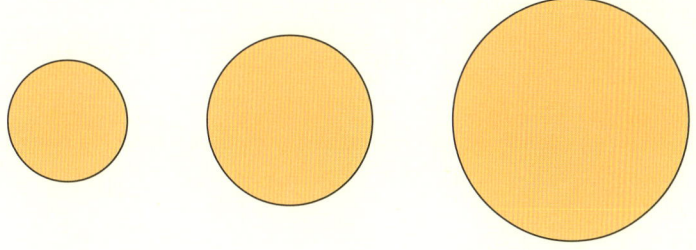

3个月饼的大小不一样，还能像之前那样分吗？

我一个一个地分，先把每个月饼都平均分成4份，再分给4个人。

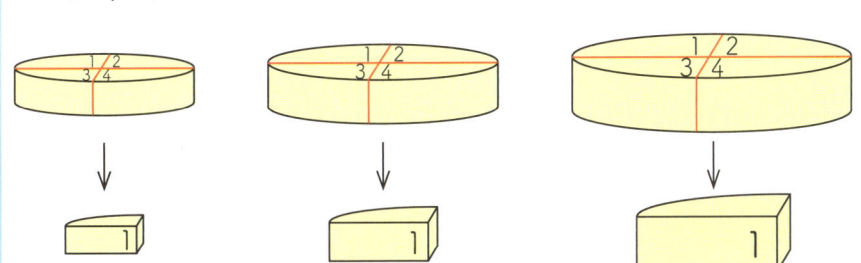

我将月饼摞起来,不过要将它们的中心点对齐,再沿着中心点切两刀,平均分成 4 份,每人分得这样的 1 份!

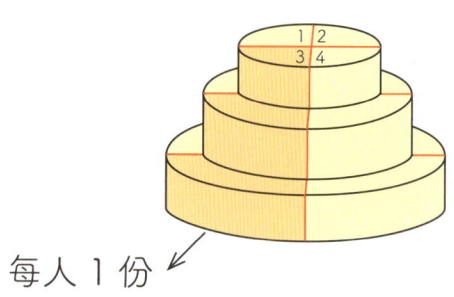

每人 1 份

你还有其他好办法吗？

练一练

王伯伯请了 4 个工人帮他打扫院子。工作做完后,王伯伯给了他们 6 张 100 元的纸币,要使每个人分得同样多的钱,应该怎么分？

一起来交流

钱不像月饼那样可以切着分,这可怎么办呢?

我们可以把 100 元兑换成其他面额的钱币呀!

100×6÷4=150(元),可以将 2 张 100 元兑换成 4 张 50 元,这样每人就分得 150 元。

还有一种分法,把 6 张 100 元都分别兑换成 2 张 50 元。

那 6 张 100 元就是 600 元,可以兑换成 12 张 50 元。

100 元 → 50 元
100 元 → 50 元

这样的话,分给 4 个工人就是每人 3 张纸币:12÷4=3(张),每张纸币是 50 元,这样:3×50=150(元),就是每人分得 150 元。

除了把 100 元换成 2 张 50 元,你还有其他方法吗?

文化链接

中秋节吃月饼的由来

"月饼"一词，在现存文献中，最早收录于南宋吴自牧的《梦粱录》中。在古代，月饼是中秋拜祭月神的供品，也是中秋节的时节食品。当时的月饼还不叫"月饼"，叫作"小饼"或"月团"。发展至今，中秋节赏月和吃月饼早已成为中国的传统习俗。

亲子乐园

快和爸爸妈妈一起来挑战吧！

小朋友们，中华文化源远流长，我们会在春节放鞭炮、贴春联、吃团圆饭，会在清明节祭祖、追思故人，还会在端午节吃粽子、赛龙舟等。你还知道哪些中国传统节日及相应的习俗？问一问你们的家人吧！

3 剪圆片

扫码听讲解

通过剪圆片，探究如何能剪出最多的块数。

剪一剪

 小朋友们，你剪过圆片吗？

一个圆片 ◯，用剪刀直直地剪开，只剪 2 次，你会怎么剪？

 我是这样剪的。

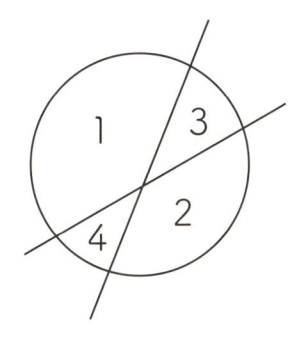

我剪了两条没有交叉的直线。

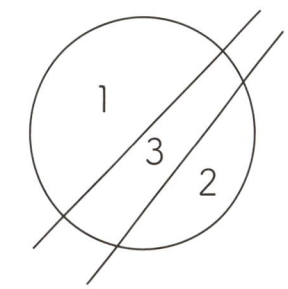

剪 3 次，要使剪出的块数最多，你会怎么剪？

我认为剪 3 次，有一个共同的交点，这样可以剪出最多的块数！

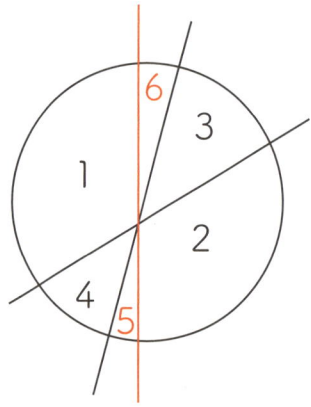

我觉得第三次不要和前两次交在同一个点上，不然会少一块。

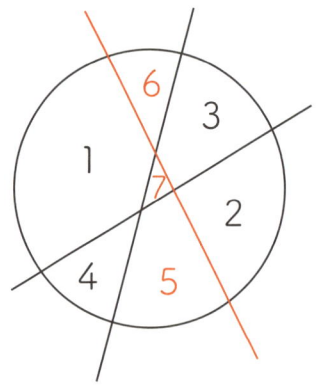

侨侨剪出了 6 块，融融剪出了 7 块。看来，只要第三次不和前两次交在同一个点上，就能剪出最多的块数。

3. 剪圆片

 一个圆片 ◯，用剪刀直直地剪开，剪 4 次，怎么剪块数最多？

 看我的！

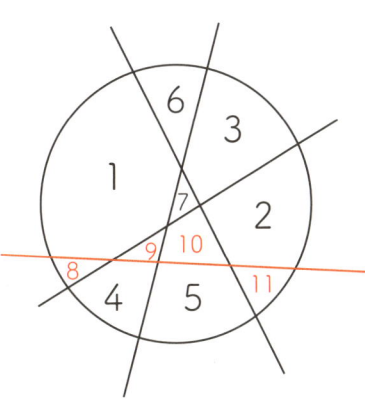   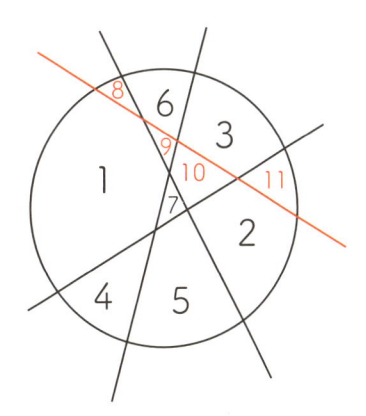

看来，只要让直线相交的交点最多，就能剪出最多的块数，而且剪法还不止一种呢！

 小朋友们，你们都剪对了吗？

如果剪 5 次、6 次……甚至是 10 次，最多可以剪出多少块？

 填一填

次数	0	1	2	3	4	5	6	7	8	9	10
块数	1	2	4	7	11						

 一起来交流

这下我知道了！后面剪的都要与前面剪的相交，但不能有三条或三条以上的直线交于同一点。

 其实就是：交点越多，剪出的块数就越多。

根据观察、操作，我们发现：剪的次数每增加一次，且该次剪的与前面所有的都相交，同时确保任意三条直线不交于同一点，那么增加的块数就等于剪的次数。

慧慧总结得很好！根据慧慧总结的规律，可知：
剪 5 次：1＋1＋2＋3＋4＋5＝16（块）；
剪 6 次：1＋1＋2＋3＋4＋5＋6＝22（块）；
剪 10 次：1＋1＋2＋3＋4＋…＋10＝56（块）。

我们甚至找到了"无论剪多少次，都能知道最多剪出多少块"的规律！

对的！比如剪 100 次，我们就知道最多可以剪出 1＋1＋2＋3＋…＋99＋100＝5051（块）。这真是一个好方法呀！

1＋1＋2＋3＋…＋99＋100 是怎么算出等于 5051 的呢？

我知道。先将算式分成两部分，1 和 1＋2＋3＋…＋99＋100；然后将 1＋2＋3＋…＋99＋100 配对，1＋100、2＋99、3＋98、…、50＋51，再计算它们的和 101×50＝5050；最后加上 1，5050＋1＝5051。我们把这种计算方法叫作配对求和，在连续自然数求和的过程中经常使用哦！

看下面的题，难度升级啦，快来挑战吧！

动手操作 一块豆腐，只切3刀，最多能把这块豆腐分成多少块？

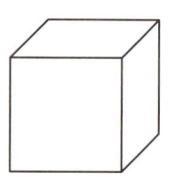

 根据之前的结论，在面上切3刀，最多能切7块！

不对！豆腐是立体的，要想切的块数最多，应使每刀都同时经过四个面，这样最多可切8块。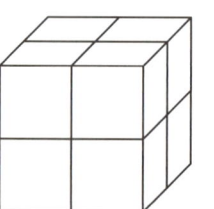

3. 剪图片

看来我们不能让思维定势。不同条件下，可能会有不一样的结论哦！

快和爸爸妈妈一起来挑战吧！

边长是 20 cm 的格子图，画一条直线最多能穿过几个小方格？

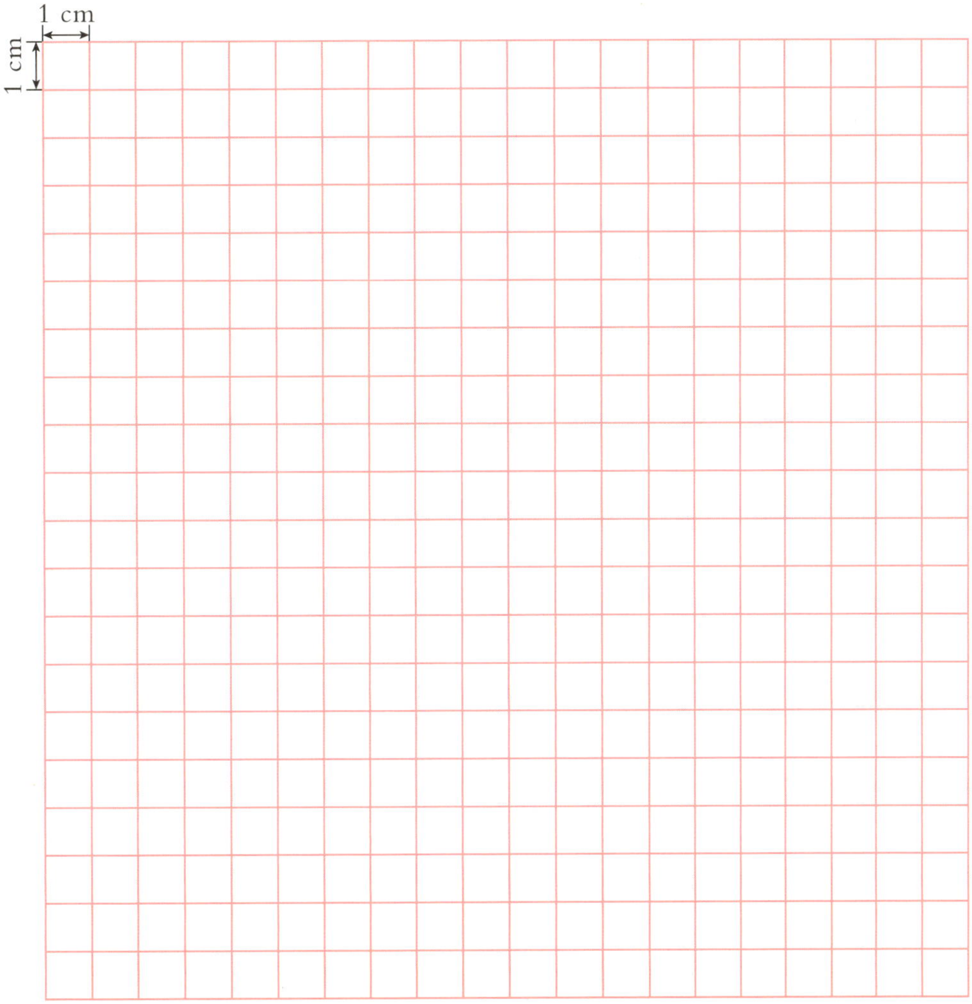

④ 数线段

小朋友们，你们会数线段吗？

数一数

直线上任意两个点之间的部分就是线段。下图中一共有几条线段？说一说你的想法吧。

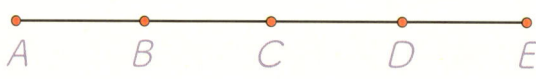

一起来交流

我先说！从 A 点出发有 4 条线段，从 B 点出发有 3 条线段，依次类推，一共有 4＋3＋2＋1＝10（条）线段。

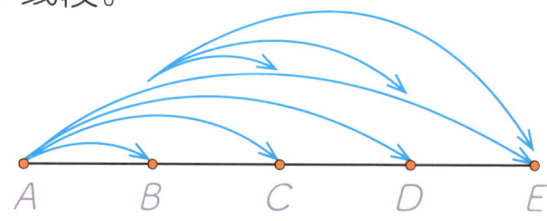

4. 数线段

我是这样数的：单条线段的有 4 条，双条线段的有 3 条，依次类推，一共有 4＋3＋2＋1＝10（条）线段。

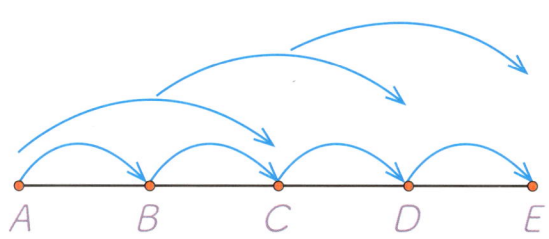

我也有发现！从每个点出发都有 4 条线段，但是都重复了一次，例如 AB、BA，则一共有 4×5÷2＝10（条）线段。

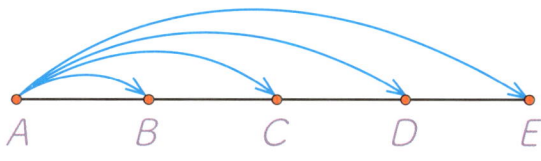

 下图中一共有几条线段？说一说你的想法。

一起来交流

我用融融的方法来做,从第一个点出发有 6 条线段,从第二个点出发有 5 条线段,……,那么一共有 6+5+4+3+2+1=21(条)线段。

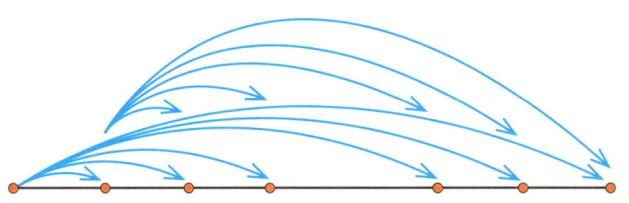

我用侨侨的方法来做,单条线段的有 6 条,双条线段的有 5 条,……,因此一共有 6+5+4+3+2+1=21(条)线段。

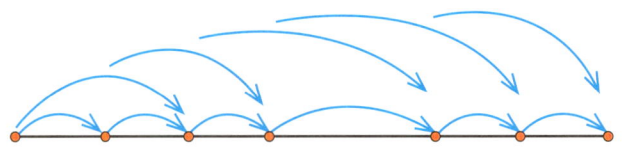

我用慧慧的方法来做,图中一共有七个点,从每个点出发都有 6 条线段,去掉重复的,因此一共有 6×7÷2=21(条)线段。

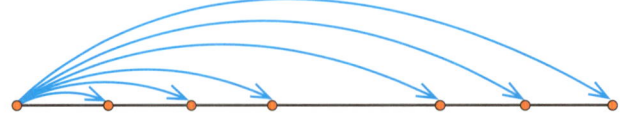

4. 数线段

如果一条线上一共可以数出 15 条线段,那么这条线上一共有多少个点?

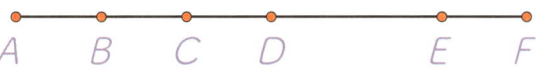

5+4+3+2+1=15(条),我数了数,这条线上一共有 6 个点。

你是怎么算出来的?

因为 15=1+2+3+4+5,单条的线段有 5 条,那么就需要 6 个点。所以,这条线上一共有 6 个点。

动手操作 找出下面的图形中一共有多少条线段?

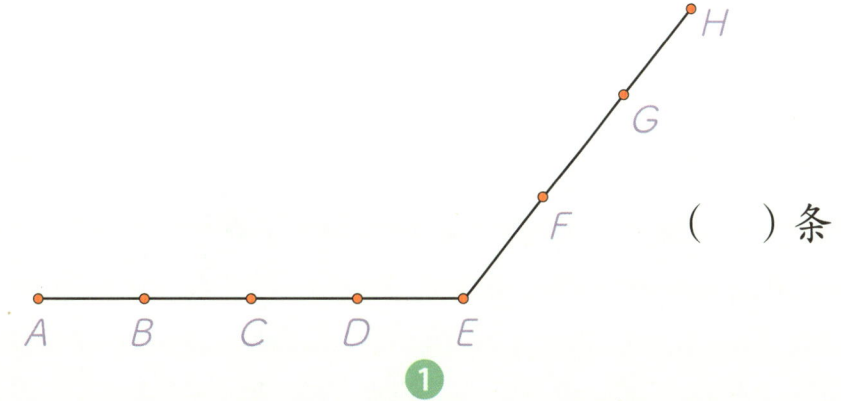

( )条

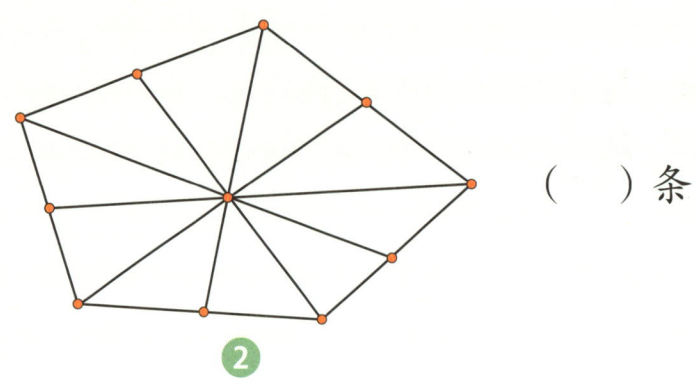

（ ）条

②

我知道，我是这样算的。
① (4＋3＋2＋1)＋(3＋2＋1)＝16（条）；
② (2＋1)×10＝30（条）。
你做对了吗？

融融你真棒，找得又快又准！

数线段时我们要注意什么？

在数一般的线段时，可以直接找点到点的线段，但要注意是直的线，不能是折线。在数图形中的线段时，要分成多个部分去数，每个部分都是一条条直的线，数好之后再相加就是所有的线段数量。

4. 数线段

快和爸爸妈妈一起来挑战吧！

一条直线上有 4 个点，一共能数出多少条线段？（画一画，数一数）

先画出一条直线，再画上 4 个点，然后用学过的方法尝试数一数。

5 有趣的规律

 小朋友们，你们会找规律吗？

动手操作 在括号内填上合适的数。

❶ 3，6，9，12，（ ），（ ）；

❷ 1，2，4，7，11，（ ），（ ）；

❸ 2，6，18，54，（ ），（ ）；

❹ 15，2，12，2，9，2，（ ），（ ）；

❺ 21，4，18，5，15，6，（ ），（ ）。

一起来交流

我先做前三道题。

❶ 3 $\xrightarrow{+3}$ 6 $\xrightarrow{+3}$ 9 $\xrightarrow{+3}$ 12 $\xrightarrow{+3}$ （15）$\xrightarrow{+3}$ （18）；

❷ 1 $\xrightarrow{+1}$ 2 $\xrightarrow{+2}$ 4 $\xrightarrow{+3}$ 7 $\xrightarrow{+4}$ 11 $\xrightarrow{+5}$ （16）$\xrightarrow{+6}$ （22）；

❸ 2 $\xrightarrow{\times 3}$ 6 $\xrightarrow{\times 3}$ 18 $\xrightarrow{\times 3}$ 54 $\xrightarrow{\times 3}$ （162）$\xrightarrow{\times 3}$ （486）。

那我做 ❹ ❺ 题。

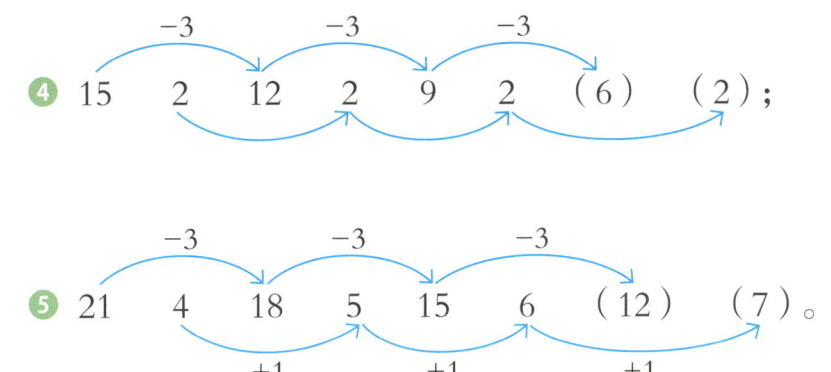

❹ 15　2　12　2　9　2　（6）　（2）;

❺ 21　4　18　5　15　6　（12）　（7）。

哇，你们太棒了！

动手操作　在括号内填上合适的数。

❶ 1，2，5，14，（　），（　）;

❷ 1，4，9，16，25，36，（　）;

❸ 2，3，5，9，17，（　）。

一起来交流

❶ 题的规律是依次 +1，+3，+9，+27，+81，……，间隔都是 3 倍关系。因此答案是 41 和 122。

❷ 题的规律是依次+3，+5，+7，+9，+11，+13，……，间隔都是相差2。因此答案是49。也可以看成是1×1，2×2，3×3，……

❸ 题的规律是依次+1，+2，+4，+8，+16，……，间隔都是2倍关系。因此答案是33。

我们来总结一下规律：
1. 寻找相邻两个数之间的差距；
2. 相邻两数差距之间的关系；
3. 隔一个数是否有规律；
……

练一练 看下面的题，找找规律，填一填。

1，1，2，3，5，8，（　　），（　　）。

5. 有趣的规律

一起来交流

先找相邻两个数的差距：＋0、＋1、＋1、＋2、＋3，看不出有什么规律呢；再观察相邻两数差距之间的关系，也找不出规律；再看隔一个数的规律：＋1、＋3和＋2、＋5，也没有发现规律。这个问题好难啊！

我们先观察这些数的特点，发现前两个数的和都等于后面的数，比如1＋1＝2；1＋2＝3；2＋3＝5；因此5＋8＝13；8＋13＝21。其实这串数是著名的斐波那契数列，也称"兔子数列"。

像这种类型的题，除了前面博士总结的规律，还可以看一下各个数字和相应项数之间的关系。小朋友，你还能找到其他规律吗？

看来找规律问题，方法真的很多呀！多去研究数的特点，才能得心应手！

  我们继续来挑战，要先找到规律哦！

动手操作

黑棋子和白棋子排成一排，如图所示。问：第 25 颗棋子是什么颜色？如果是第 49 颗呢？

一起来交流

我找到规律了。"黑黑白白白"为一组，25÷5＝5（组），没有余数，则第 25 颗为一组中的最后一颗，即白色；49÷5＝9（组）……4（颗），余数是 4，则第 49 颗为一组中的第四颗，即白色。

 侨侨你可真聪明！

5. 有趣的规律

动手操作

黑棋子和白棋子排成一排，如图所示。问：前25颗棋子中白棋子有几颗？如果是前49颗呢？

一起来交流

先寻找棋子排列的规律，"黑黑白白白"一组在循环。

25颗棋子，利用25÷5＝5（组），这样的规律出现了5次。因此白子有5×3＝15（颗）。

49颗棋子，49÷5＝9（组）……4（颗），余数是4就是这组规律里的前4颗，包含2颗白棋子，那么前49颗中白棋子有9×3＋2＝29（颗）。

在计算的时候，尤其要注意余数！你们做得很棒！

快和爸爸妈妈一起来挑战吧!

在括号内填上合适的数,并试着说说你的想法。

❶ 2, 4, 6, 8, 10, ( ), ( );

❷ 1, 2, 5, 10, 17, ( ), ( );

❸ 12, 1, 10, 1, 8, 1, ( ), ( );

❹ 1, 15, 3, 13, 5, 11, ( ), ( )。

6 神秘的算筹

扫码听讲解

活动一

小朋友,你知道算筹吗?

读一读

 我知道,算筹是我国古代劳动人民发明的,它的作用是为了记数!

那你们知道算筹是什么样的吗?

 这可难不倒我!古代的算筹实际上是一根根同样长短和粗细的小棍子,一般长为13~14厘米,径粗0.2~0.3厘米,多用竹子制成,也有用木头、兽骨、象牙等材料制成的,大约270根为一束。

原来如此!那算筹到底怎么用呢?

在算筹记数法中，是用纵横两种排列方式来表示单位数目的，其中1~5均分别以纵横方式排列相应数目的算筹来表示，6~9则以上面的算筹再加下面相应的算筹来表示。

表示多位数时，个位用纵式，十位用横式，百位用纵式，千位用横式，以此类推，遇零则置空。

纵式： | || ||| |||| ||||| 丅 丅 丅 丅
横式： — = ≡ ≣ ≣ ⊥ ⊥ ⊥ ⊥
　　　 1 2 3 4 5 6 7 8 9

那为什么又有纵式和横式两种不同的摆法呢？

因为这是十进位制的需要。所谓"十进位制"有两个含义：一是"十进制"，一种记数法，采用0、1、2、3、4、5、6、7、8、9十个数码，逢十进位；二是"位值制"，即每个数码所表示的数值，不仅取决于这个数码本身，还取决于它在记数中所处的位置。

6. 神秘的算筹

想一想
下面的算筹表示哪几个数？下面的数用算筹怎么表示？

| = | ≡ ‖ ⊥ Ⅲ   127   95

一起来交流

根据算筹的不同数位对应的纵式和横式，可以这样表示：

121   5279 | = ⊤   ⊥ ‖‖‖

小朋友，你做对了吗？

一起来学学算筹的运用吧!

 下面两个用算筹表示的数,它们相加的和是多少?

 根据算筹横式、纵式的表示方法,上面两个数分别表示 23 和 73,它们的和是 96。

 你能用算筹出一道加法或减法题吗?(画图并列式解答)

6. 神秘的算筹

动手操作 下面两个用算筹表示的数，它们相乘的积是多少？

一起来交流

先想想现代的竖式乘法是怎样的？

$49 \times 36 = 1764$

```
      4 9
  ×   3 6
  ─────────
    2 9 4  ……6×49 的积
  1 4 7 0  ……30×49 的积
  ─────────
  1 7 6 4
```

我是这样想的：古人计算乘法或除法的时候都是从左至右算，乘数在上，被乘数在下，积放在中间。古人计算用"筹"不用笔，筹算可以任意改变形态，因此从左至右算根本不麻烦。如算上面的数49乘36的步骤，结果是1764，过程如下图所示：

❶ 先算十位的 4×3＝12 写在中间；（中间为 1200，0 先不写）

❷ 再算十位的 3 乘个位的 9 为 27；（中间为 1470，0 先不写）

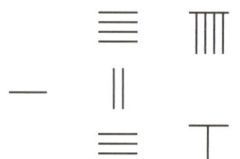

❸ 接着算十位的 4 乘个位的 6；（中间为 1710，0 先不写）

❹ 最后算个位的 9 乘个位的 6。（中间为 1764）

呀，这和我们现代的竖式乘法真的很相似呢！只不过古人是从左至右算，现代的竖式乘法是从右至左算。小朋友，你做对了吗？

文化链接 算筹的历史地位

算筹的出现年代已经不可考，但据史料推测，算筹最晚出现在春秋晚期战国初年。早在两千多年前，我们的祖先就掌握了这样精妙的计算方法，真是太伟大了！当然，在这些过程中，算筹功不可没。中国古代数学的早期发达与持续发展都是受惠于算筹的。

亲子乐园

快和爸爸妈妈一起来挑战吧！

查一查：还有哪些关于算筹的知识？记录在下面。

快跟爸爸妈妈说一说，你想怎么查？怎么记？

7 巧算24点

扫码听讲解

小朋友们，你们玩过"巧算24点"游戏吗？

我玩过。"巧算24点"是一款益智数学游戏，就是使用已有的数字，利用加减乘除进行计算，每个数只能用一次，得数是24。

听起来不仅好玩，还能提高我们的计算能力呢。我们用扑克牌来玩一玩吧。

准备扑克牌A~10（A表示1），先任意拿出3张，根据扑克牌上的数，用加、减、乘、除或括号进行计算，每个数只能用一次，得数是24。

A	2	8

2	5	9

_____   _____

一起来交流

我拿到的牌能算出 24 点，口诀是三八二十四。我是这样算的：1+2=3，3×8=24。

为什么我拿到的牌怎么也算不出 24 呢？
2×9+5=23，不行；
2×5+9=19，也不行。

看来有的能算出 24 点，有的却不行。这是为什么呢？我们继续玩一玩，看看能不能找到规律。

填一填　请你算一算，填一填。

拿到的 3 张扑克牌	计算过程	能算出 24 的 画 "√"
A 5 6		
2 3 4		
3 4 6		
7 8 9		

> **一起来交流**

我拿到的牌是"A、5、6",
我是这样想的:
看到 6 想到 4,4×6=24;
4 从哪里来? 5−1=4。
可以算出 24 点。

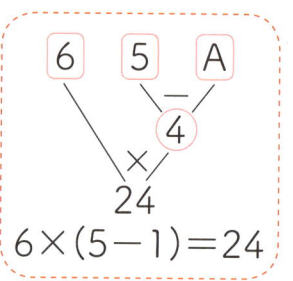

6×(5−1)=24

我拿到的牌是"2、3、4",我有三种方法呢。

方法一:
看到 4 想到 6,4×6=24;
6 从哪里来? 2×3=6。
可以算出 24 点。

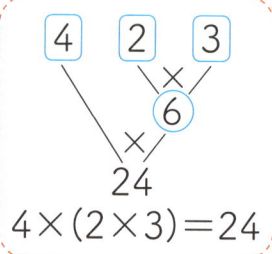

4×(2×3)=24

方法二:
看到 3 想到 8,3×8=24;
8 从哪里来? 2×4=8。
可以算出 24 点。

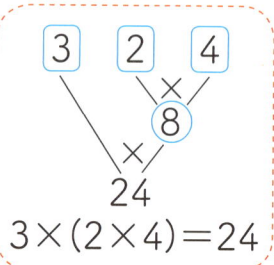

3×(2×4)=24

方法三:
看到 2 想到 12,2×12=24;
12 从哪里来? 3×4=12。
可以算出 24 点。

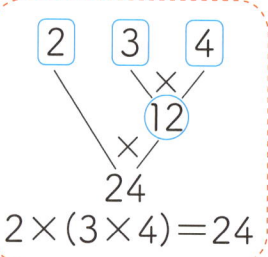

2×(3×4)=24

其实就是将这三个数连乘起来,2×3×4=24。

1. 巧算24点

我拿到的牌是"3、4、6",我也来尝试多种方法。

方法一：看到3想到8,可是8没法凑出来,因此不行。

方法二：看到4想到6,可是3怎么办？也不行。

方法三：$3×4+6=18$,也不行。

方法四：$3×6+4=22$,还是不行。

这些方法都不能算出24点呢！

我拿到的牌是"7、8、9",我试了两种方法。

方法一：看到8想到3,可是$9-7=2$,因此不行。

方法二：这三个数字比较大,试试用加法。$7+8+9=24$,正好可以算出24。

我来填一填。

拿到的 3 张扑克牌	计算过程	能算出24的画"√"
A 5 6	$6×(5-1)=24$	√
2 3 4	$2×3×4=24$	√
3 4 6	$3×6+4=22$	
7 8 9	$7+8+9=24$	√

哇，你们简直太厉害了！小朋友，你做对了吗？

我们在算 24 点时，经常用到乘法，如 3×8＝24、4×6＝24、2×12＝24。当数据比较大时，还可以用加法，如 15＋9＝24。

像"3、4、6"这样的，试了很多方法都算不出 24 点，我们可以尝试换掉其中一个数据试试。

比如把 3 换成 A，这三个数就变成"A、4、6"，用 1×4×6＝24，换了之后确实能算出 24 点；

也可以将 4 换成 A，这三个数就变成"3、A、6"，用（1＋3）×6＝24，换了之后也能算出 24 点；

还可以将 6 换成 2，这三个数就变成"3、4、2"，用 2×3×4＝24，换了之后还能算出 24 点。

请大家开动脑筋多想一想，还能怎么变，也可以算出 24 点呢？

7. 巧算24点

挑战继续。想一想，算一算，挑战快速得出24吧！

动手操作

准备扑克牌A~10（A表示1），先任意拿出4张，根据扑克牌上的数，用加、减、乘、除或括号进行计算，每个数只能用一次，得数是24。

| 3 4 5 6 | 2 2 7 8 | 3 3 3 3 |

_____　　_____　　_____

一起来交流

第一题我先来。我看到6想到"四六二十四"，剩下的3、4、5如何得到4呢？我用5−4+3=4，再用4×6=24，最后得到24了！

那我选第二题。我看到8想到"三八二十四"，剩下的2、2、7如何得到3呢？我用7−2−2=3，再用8×3=24，最后也得到24了！

 我做最后一题。我想用 27－3＝24，那么剩下的 3、3、3 如何得到 27 呢？首先用 3×3×3＝27，再用 27－3＝24，我也算出来了！

析一析

  再来看一组扑克数字。

思考 4 个数的 24 点，可以转化成思考（　　）＋（　　）＝24、（　　）－（　　）＝24、（　　）×（　　）＝24、（　　）÷（　　）＝24。我们借助思维导图，让思路更加清晰。

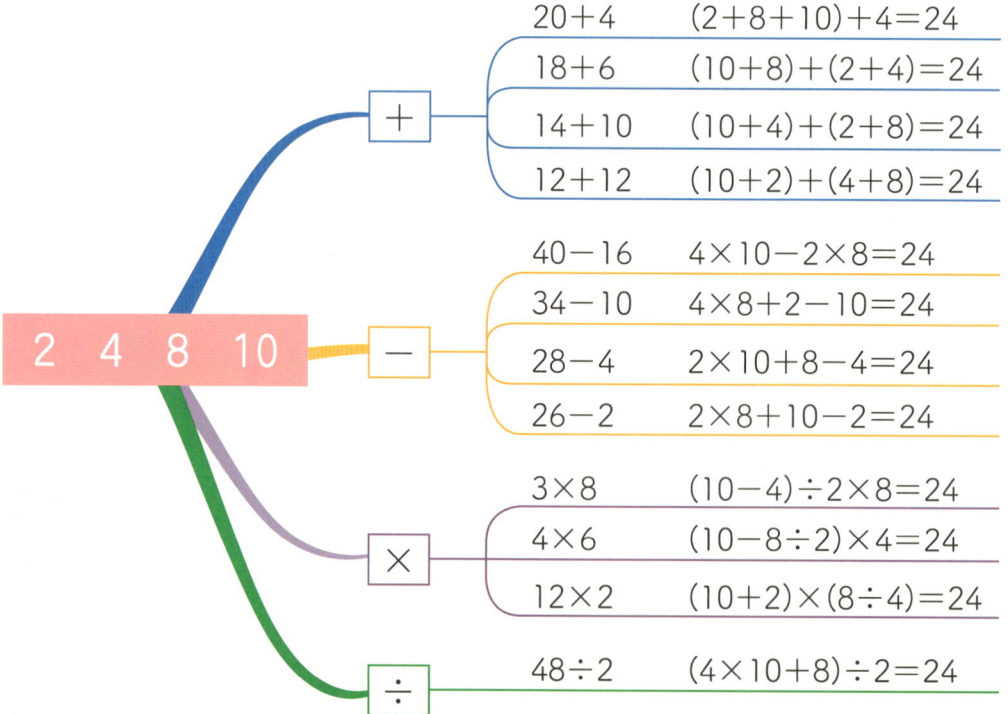

我总结了两点规律：
1. 可以抓住其中的一个数进行思考。
   比如 3×8=24、4×6=24、48÷2=24 等。
2. 可以观察数的特点。
   利用 18+6=24、14+10=24、12+12=24、40-16=24 等。

拿到的 4 张扑克牌	计算过程	能算出 24 的 画 "√"
3　4　4　9		
A　2　3　5		
4　5　6　7		

我先做前两道题。

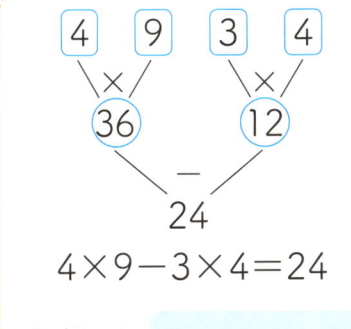

$4×9-3×4=24$

我想到 36-12=24

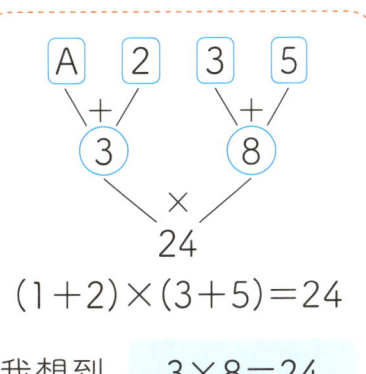

$(1+2)×(3+5)=24$

我想到 3×8=24

 最后一题我用两种方法：

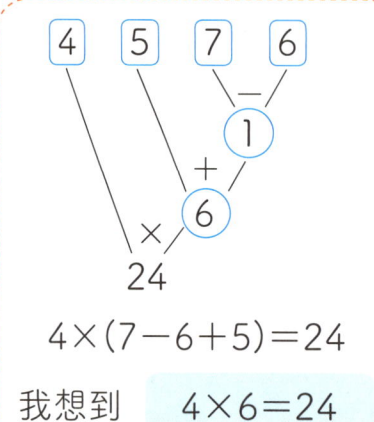

$4×(7-6+5)=24$

我想到　$4×6=24$

$(5+7)×(6-4)=24$

我想到　$12×2=24$

我来填一填。

拿到的 4 张扑克牌	计算过程	能算出 24 的画 "√"
3　4　4　9	$4×9-3×4=24$	√
A　2　3　5	$(1+2)×(3+5)=24$	√
4　5　6　7	$4×(7-6+5)=24$ 或 $(5+7)×(6-4)=24$	√

 你做对了吗？

难度升级，尝试多种方法使得数为 24 吧！

动手操作

准备一副扑克牌 A~K（A 表示 1，J 表示 11，Q 表示 12，K 表示 13，除去大王、小王），先任意拿出 4 张。根据扑克牌上的数，用加、减、乘、除或括号进行计算，每个数只能用一次，得数是 24。

| 2 4 8 J | | 3 7 Q K |

一起来交流

我能算出 24 点，J 表示 11，我想到了 22＋2＝24。11×2＋8÷4＝24。

我也能算出 24 点，Q 表示 12，K 表示 13，我想到了 3×8＝24。3×（13－12＋7）＝24。

练一练

拿到的 4张扑克牌	计算过程	能算出24的 画"√"
2　3　10　Q		
3　3　6　K		
A　4　Q　8		
5　6　J　K		

亲子乐园　快和爸爸妈妈一起来挑战吧！

四个人玩，每人一份A~K，四人各自任意取出1张牌放在桌上，谁先用4张牌算出24点，这4张牌就归谁。如果都算不出来，就各自拿回自己的牌，重新出牌。

8 中国古代的长度单位

扫码听讲解

小朋友们,你们知道中国古代的长度单位有哪些吗?

我知道,之前爸爸妈妈给我讲过,比如:拃(zhǎ)、寸、尺等。

没错,那你还记得之前学过的"身体尺"吗?一起来复习一下吧!

我国的长度单位经历了漫长的发展过程。古人最早是用身体上某些部位的长度作为单位来测量的,如肘、虎口、拃、庹(tuǒ)、步等都是古代计量长度的单位。

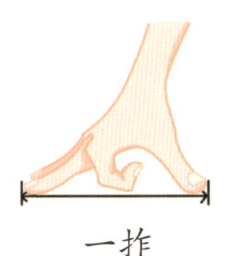  

一拃　　　　　一庹　　　　　一步

一拃就是张开的大拇指和中指两端之间的距离。

一庹就是双臂左右伸展开后两手指尖之间的距离。

一步就是行走时两脚尖之间的距离。

 和家人一起用"身体尺"量出下面物体的长度并记录下来。

测量的物体	选择的"身体尺"	量出的长度
数学书的长	我的一拃	2拃
数学书的长	爸爸的一拃	1拃
客厅的长	我的一庹	（　）庹
客厅的长	（　）的一庹	（　）庹
门的宽	我的一步	（　）步
门的宽	（　）的一步	（　）步
床的长	我的（　）	（　）（　）
床的长	（　）的（　）	（　）（　）

为什么都用"一拃"去测量数学书的长，我需要2拃，爸爸只需要1拃呢？

因为小孩的一拃短，爸爸的一拃长啊！

看来很有必要统一长度单位。

你知道吗？丝、毫、厘、分、寸、咫、尺、丈、舍等，都是古代的长度单位。

中国在两千多年前就统一了市制计量单位，如今市制单位虽然已经废止，但在生活、学习中大家还是经常会用到。比如，下面的成语中，就有好多古代的长度单位。

一丝一毫	分寸之功	失之毫厘，差之千里
得寸进尺	咫尺天涯	尺有所短，寸有所长
冰冻三尺	退避三舍	丈二和尚摸不着头脑
火冒三丈	手无寸铁	百尺竿头更进一步

 古代常用长度单位之间的换算。

1 丈＝10 尺　　　1 尺＝10 寸　　　3 寸＝10 厘米

1 寸≈3.33 厘米　　3 尺＝1 米　　　1 尺≈3.33 分米

3 丈＝10 米　　　1 丈≈3.33 米　　1 寸＜1 尺＜1 丈

填一填

1. 6 寸 =（   ）厘米
2. 2 尺 =（   ）寸
3. 3 丈 =（   ）尺
4. 30 米 =（   ）丈
5. 9 尺 =（   ）米
6. 3 尺 3 寸 =（   ）厘米

一起来交流

1. 6 寸 =（20）厘米，因为 3 寸 = 10 厘米，6 寸里面有 2 个 3 寸，所以 6 寸就是 20 厘米。
2. 2 尺 =（20）寸，因为 1 尺 = 10 寸，2 尺里面有 2 个 1 尺，所以 2 尺就是 20 寸。
3. 3 丈 =（30）尺，因为 1 丈 = 10 尺，3 丈里面有 3 个 1 丈，所以 3 丈就是 30 尺。

4. 30 米 =（9）丈，因为 10 米 = 3 丈，30 米里面有 3 个 10 米，所以 30 米就是 3 个 3 丈。
5. 9 尺 =（3）米，因为 3 尺 = 1 米，9 尺里面有 3 个 3 尺，所以 9 尺就是 3 个 1 米。
6. 3 尺 3 寸 =（110）厘米，因为 3 尺 = 1 米 = 100 厘米，3 寸 = 10 厘米，所以 3 尺 3 寸 = 100 厘米 + 10 厘米 = 110 厘米。

进行单位换算时，我们首先要找到不同单位之间的等量关系，然后计算出结果。

  你的坐姿正确吗?

实际操作

标准坐姿

眼离一尺,看书、写字,两眼与书本保持一尺的距离。

胸离一拳,看书、写字时人要坐正,胸口与桌子保持一拳的距离。

笔离一寸,握笔的手指要离笔头一寸,不要用太短的铅笔头。

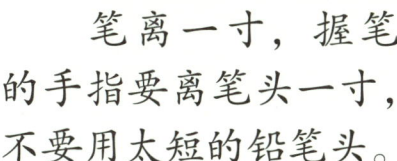

量一量 用软尺量一量自己身体各部位的长度并记录下来。

身体部位	"寸"	"厘米"
头围	( )寸	( )厘米
腰围	( )寸	( )厘米
胸围	( )寸	( )厘米
臀围	( )寸	( )厘米

动手操作 "身体尺"在生活中的应用。

小明的一拃大约 15 厘米,他的一庹大约 140 厘米,他的一步大约 50 厘米。

❶ 测量以下物品的长度,你会选用哪个"身体尺"?

A. 一拃　　B. 一庹　　C. 一步

(1)测量书桌的长度,你会选(　　)"身体尺"。

(2)测量床的长度,你会选(　　)"身体尺"。

(3)测量教室的长度,你会选(　　)"身体尺"。

❷ 小明用"身体尺"测量以下物品,你能估算出它们的大约长度吗?

(1)书桌的长大约(　　)厘米。

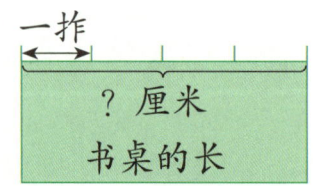

(2)床的长大约(　　)厘米。

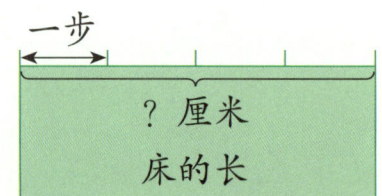

（3）教室的长大约（　　　）厘米。

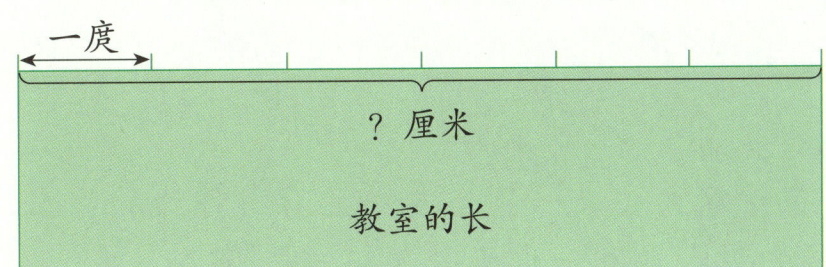

一起来交流

❶ 用一拃去测量书桌的长度，用一步去测量床的长度，用一庹去测量教室的长度。

❷ 小明用一拃去测量书桌的长度，用了4拃，也就是4×15＝60厘米；用一步去测量床的长度，用了4步，也就是4×50＝200厘米；用一庹去测量教室的长度，用了6庹，也就是140×6＝840厘米。

"身体尺"非常方便，可以帮助我们快速测量出物品的长度。

小朋友们，你们也来量一量吧。

俗语与长度单位

"男子汉大丈夫"

"男子汉大丈夫"指志向高远有所作为的男人。难道古时候的男人真有一丈（约3.33米）高？

"大丈夫"出自《孟子·滕文公下》："富贵不能淫，贫贱不能移，威武不能屈，此之谓大丈夫。"

最早的传世尺子出现于商朝，它以男人伸展的拇指和中指之间的距离为1商尺（约16.95厘米），1丈=10尺，那么一丈就是170厘米左右。

"堂堂七尺男儿"

古代的男人真有七尺（约2.33米）那么高吗？

"尺"在不同的历史时期和不同的地域，其长度都是各不相同的。

如果按照与战国相近的秦尺（1尺≈23.1厘米）标准计算，7尺≈161.7厘米，而按南北朝的尺（1尺≈25.8厘米）计算，7尺≈180.6厘米，因此七尺相当于161~181厘米。

在《三国演义》第一回"宴桃园豪杰三结义，斩黄巾英雄首立功"中，有这样一段描写："（关羽）身长九尺，髯长二尺；面如重枣，唇若涂脂；丹凤眼，卧蚕眉：相貌堂堂，威风凛凛。"关羽身长九尺，按三国时的尺（1尺≈24.1厘米）计算，9尺≈216.9厘米，可见，关羽确实是高大魁梧，"威风凛凛"！

 快和爸爸妈妈一起来挑战吧!

请和家人一起测量"身体尺"的长度并记录下来。

我的身体尺

单位身体尺	一拃	一庹	一步	一拳	一肘	一脚
米或厘米						

(　　　)的身体尺

单位身体尺	一拃	一庹	一步	一拳	一肘	一脚
米或厘米						

(　　　)的身体尺

单位身体尺	一拃	一庹	一步	一拳	一肘	一脚
米或厘米						

(　　　)的身体尺

单位身体尺	一拃	一庹	一步	一拳	一肘	一脚
米或厘米						

9 时间知多少

扫码听讲解

小朋友们,你知道时间单位有哪些吗?

 读一读

杂诗(节选)
[晋]陶渊明

盛年不重来,一**日**难再晨。
及时当勉励,岁**月**不待人。

劝 学
[唐]颜真卿

三更灯火**五更**鸡,正是男儿读书时。
黑发不知勤学早,白首方悔读书迟。

 一起来交流

我知道现代的时间单位有世纪、年、月、周(星期)、日、小时、分钟、秒等。

 我还知道古代的时间单位有时(时辰)、更、刻等。

9. 时间知多少

填一填

1 世纪＝（　　）年　　　　1 年＝（　　）月
1 日＝（　　）小时　　　　1 小时＝（　　）分
1 分＝（　　）秒　　　　　1 周＝（　　）天

一起来交流

我知道 1 世纪有 100 年，我们现在是 21 世纪，指的是 2001~2100 年；1 年＝12 个月，包括 1 月、2 月、3 月、4 月、5 月、6 月、7 月、8 月、9 月、10 月、11 月、12 月；1 日＝24 小时，一般钟面上只有 1~12 的数字，时针走 1 圈是 12 小时，一天需要走 2 圈。

我还知道 1 小时＝60 分，钟面上分针走 1 个大格是 5 分钟，走 12 个大格就是 5×12＝60 分钟；1 分＝60 秒，秒针走得最快，1 分钟也就是 60 秒，我们念上面的古诗《杂诗》《劝学》都不到 1 分钟呢，你也可以念一遍试试花了多少秒；1 周＝7 天，也就是 1 个星期。

你知道古代的时间单位都有哪些吗?

 古代的时间单位。

时

时(时辰)是中国传统的计时单位。古代的"时"与现代的"时"所表示的时间是不同的。古时候人们把一昼夜平分为十二段,称为十二时辰,每段叫作一个时辰,合现在的两小时。

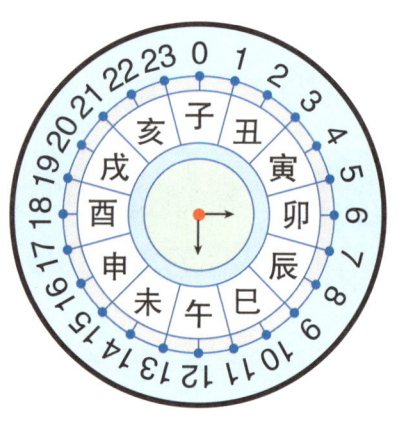

从图中我知道十二时辰分别以地支为名称,从半夜23时起算,每2个小时为1个时辰,分别为子(zǐ)、丑(chǒu)、寅(yín)、卯(mǎo)、辰(chén)、巳(sì)、午(wǔ)、未(wèi)、申(shēn)、酉(yǒu)、戌(xū)、亥(hài)。

一昼夜为24个小时,一个时辰相当于现在的2个小时,"子时"就是从前一天23时到第二天1时,"丑时"就是1时到3时……以此类推。

更

更是中国古代使用的独特的夜间计时法。一夜分为五更,从19时开始起更,一更为一个时辰,即2个小时。

我来考考你,你知道古代的一更天到五更天,放到现代是什么时间吗?

这可难不倒我!我列了个表,你看:

古代时间	时辰	现代时间
一更天	戌时	19:00—21:00
二更天	亥时	21:00—23:00
三更天	子时	23:00—01:00
四更天	丑时	01:00—03:00
五更天	寅时	03:00—05:00

刻

古代用漏壶计时,一昼夜共一百刻。现代刻为量词,用钟表计时,以十五分钟为一刻。

生活中说的一刻钟有多长呢?

1 刻钟 = $\frac{1}{4}$ 小时 = 15 分钟。

一昼夜为 24 个小时,12 个时辰,把一个时辰(2 小时)平均分成 8 份,一份就叫作一刻,每刻的时间就是 15 分钟。

动手操作

❶ ( ) 时—( ) 时称为寅时。

❷ 小明出生在 12:00,他出生的时辰为( )时。

❸ 三更半夜指的是古代的( )时(辰),现在的( )时—( )时。

一起来交流

第 ❶ 题我知道,现代的凌晨 3:00—5:00 称为寅时。

我做第 ❷ 题,小明出生在中午的 12:00,也就是午时,午时指 11:00—13:00。

❸ 三更半夜也就是三更天,指的是古代的子时,即现在前一天的 23:00 到第二天凌晨的 1:00。

文化链接   古代的计时工具

日晷（guǐ）

日晷是古代一种利用太阳投射的影子来测定时刻的计时仪器，其原理是利用太阳的投影方向来测定并划分时刻，通常由底座、晷针和晷面三个部分构成。

漏　刻

漏刻，也叫漏壶，简称漏，是古代的一种计时器具，用铜制成，分播水壶、受水壶两部分。播水壶分二至四层，底部均有小孔，可以滴水，最后流入受水壶。受水壶里有立箭，箭上有刻度，箭随蓄水逐渐上升，露出刻数，用以表示时间。也有不用水而用沙的漏刻。这些都是古代劳动人民智慧的结晶。

亲子乐园 快和爸爸妈妈一起来挑战吧!

小明出生于公历 2013 年 5 月 13 日 12 时,农历时间为癸巳年(蛇年)四月初四午时。请你了解一下家人的公历、农历出生时间,然后填一填。

(　　　　)：公历出生时间_____

农历出生时间_____

(　　　　)：公历出生时间_____

农历出生时间_____

(　　　　)：公历出生时间_____

农历出生时间_____

(　　　　)：公历出生时间_____

农历出生时间_____

(　　　　)：公历出生时间_____

农历出生时间_____

(　　　　)：公历出生时间_____

农历出生时间_____

10 乘法与图形

扫码听讲解

 小朋友们,这些美丽的图形中有很多数学问题,我们一起来探索乘法与图形之间的关系吧!

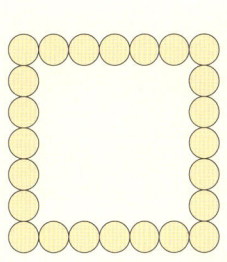

动手操作

如果一个小正方形表示 8,那么下面这些用 4 个小正方形拼成的图案分别表示多少?

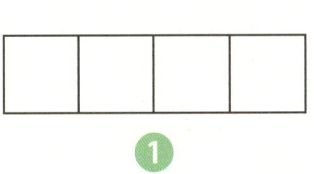
❶

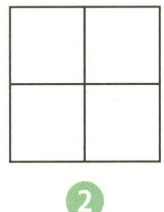
❷

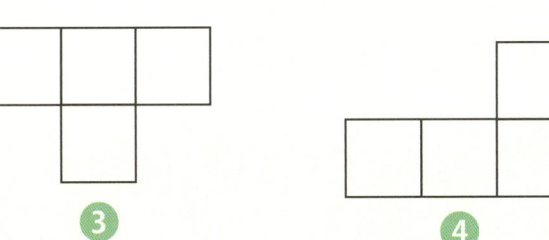
❸ ❹

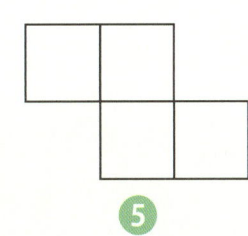
❺

一起来交流

我先来。图 ❶、图 ❷ 都是 4 个小正方形，每个小正方形表示 8，就是 4 个 8，4×8＝32。因此，图 ❶、图 ❷ 都表示 32。

我算后面的。图 ❸、❹、❺ 也都是 4 个小正方形，每个小正方形表示 8，也是 4 个 8，4×8＝32。因此，图 ❸、❹、❺ 也都表示 32。

练一练　根据图形列式计算。

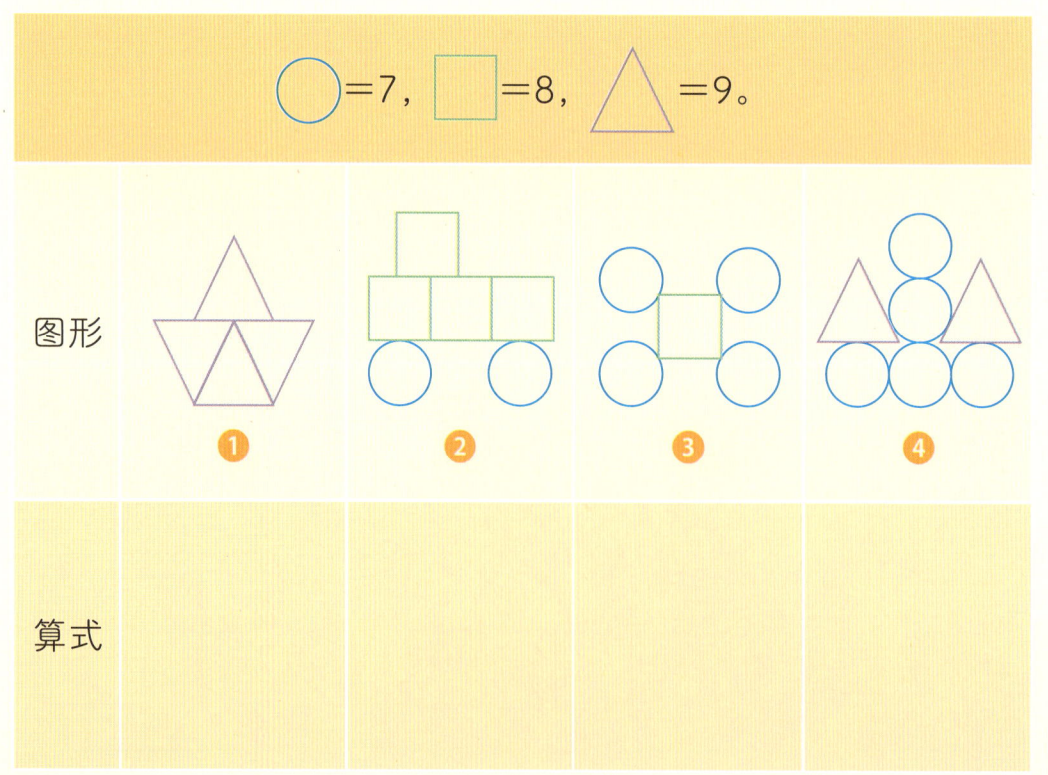

〇=7，□=8，△=9。

图形	❶	❷	❸	❹
算式				

一起来交流

我算前两个。图 ❶ 有 4 个 △，△=9，因此算式是 4×9=36；图 ❷ 有 4 个 □，2 个 ○，□=8，○=7，因此算式是 4×8+2×7=46。

那我算后面两个。图 ❸ 有 4 个 ○，1 个 □，○=7，□=8，因此算式是 4×7+8=36；图 ❹ 有 2 个 △，5 个 ○，△=9，○=7，因此算式是 2×9+5×7=53。

哇，你们太棒了！

 根据算式画出图形。

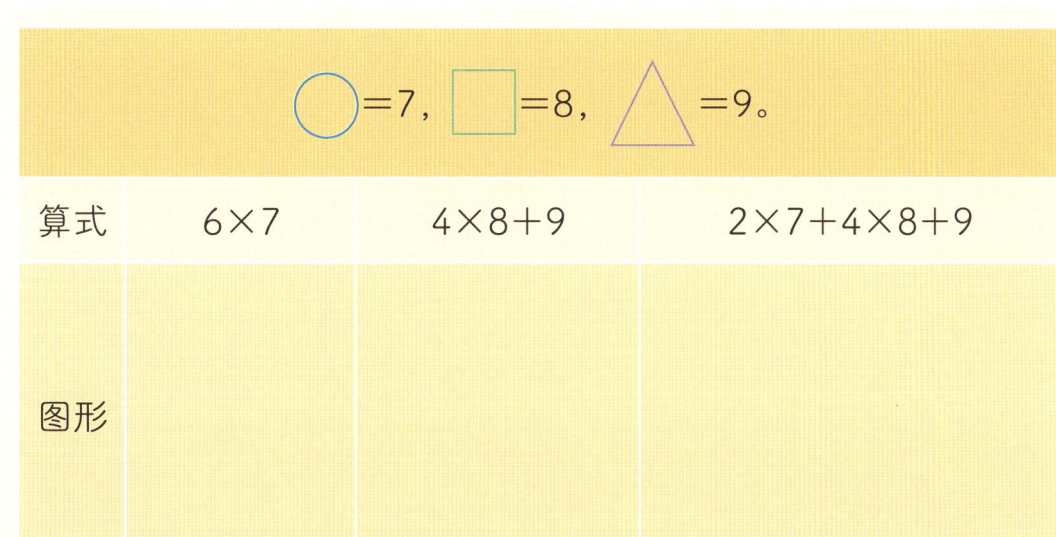

	○=7，□=8，△=9。		
算式	6×7	4×8+9	2×7+4×8+9
图形			

○=7，6×7 就是有 6 个 ○，我想到画一朵花。

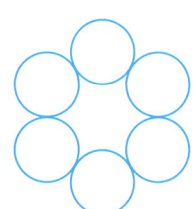

4×8+9，表示有 4 个 □ 加上 1 个 △，我想到画一支笔。

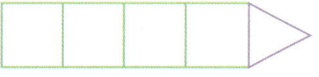

2×7+4×8+9，表示有 2 个 ○、4 个 □、1 个 △，我也画出来了。你们觉得它像什么呢？

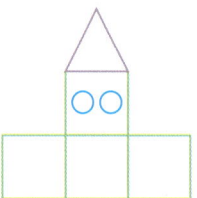

小朋友们，根据这些算式你们还能想出哪些有趣的图案呢？开动脑筋想一想吧！

10. 乘法与图形

  圈一圈，算一算，右侧图形中有多少个〇？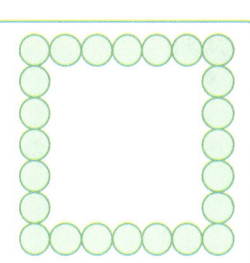

一起来交流

 每边有 7 个〇，共有 4 条边，先圈出来，再减去顶点重复的 4 个。

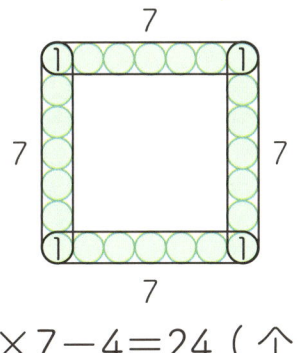

$$4\times7-4=24（个）$$

也可以先圈出每边中间的 5 个，再加上 4 个顶点的〇。

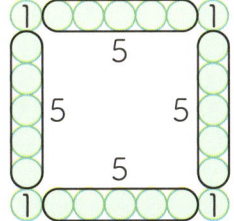

$$4\times5+4=24（个）$$

还可以这样算：

像这样 6 个一组圈出来，共有 4 组。

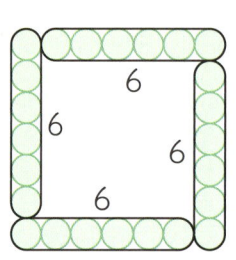

$4×6=24$（个）

也可以用同样的 ○ 将里面填满，再减去。

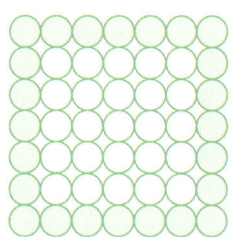

$7×7-5×5=24$（个）

 圈一圈，算一算，每个图形有多少个 ○？

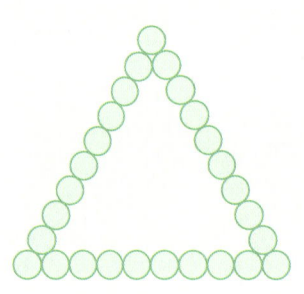

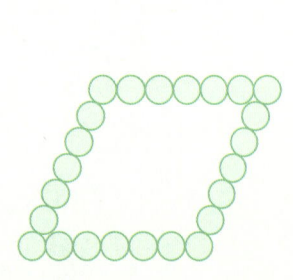

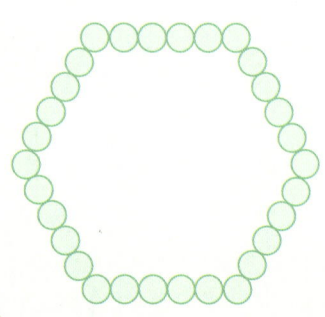

一起来交流

我用侨侨的第一个方法算：将图形分成相同的几组，有几个几，就可以直接用乘法计算。

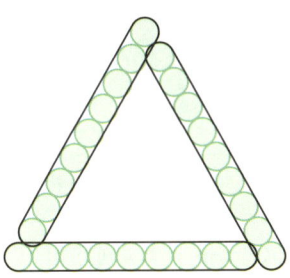

3×9＝27（个）

4×9＝36（个）

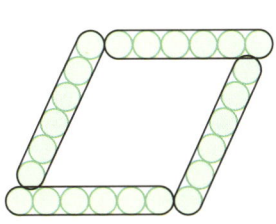

4×6＝24（个）

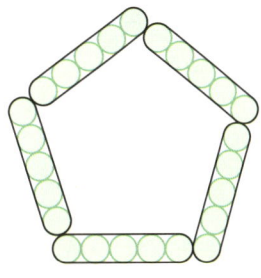

5×5＝25（个）

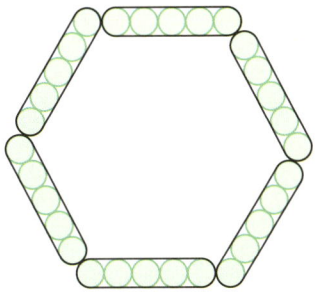

6×5＝30（个）

 我用的是中间＋顶端的方法，即"中间有几个几＋有几个顶点"，用乘加的方式计算。

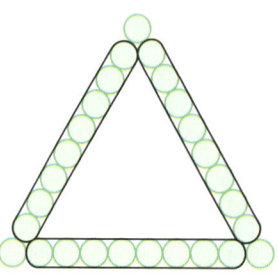

3×8＋3＝27（个）

4×8＋4＝36（个）

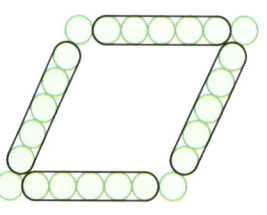

4×5＋4＝24（个）

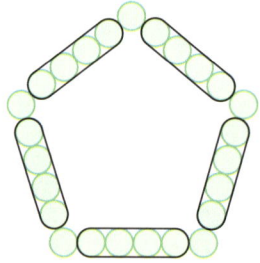

5×4＋5＝25（个）

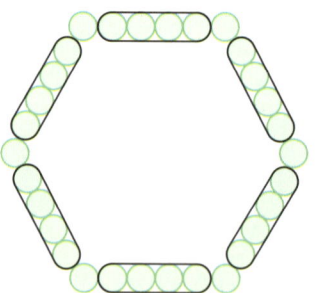

6×4＋6＝30（个）

文化链接 数形结合思想

在数学的发展过程中,数形结合是一种十分重要的思想。数与形是数学中的两个最古老,也是最基本的研究对象,它们在一定条件下可以相互转化。中国著名数学家华罗庚曾说过:"数形结合百般好,隔裂分家万事休。""数"与"形"反映了事物两个方面的属性。我们认为,数形结合,主要指的是数与形之间的一一对应关系。数形结合就是把抽象的数学语言、数量关系与直观的几何图形、位置关系结合起来,通过"以形助数"或"以数解形"即通过抽象思维与形象思维的结合,可以使复杂问题简单化,抽象问题具体化,从而实现优化解题途径的目的。

快和爸爸妈妈一起来挑战吧!

请你用 ○、□、△ 画出美丽的图案,再列式计算。

○ =7   □ =8   △ =9

❶ 图案

算式：7＋9×2＋8

❷ 图案

算式：_____

❸ 图案

算式：_____

❹ 图案

算式：_____

❺ 图案

算式：_____

❻ 图案

算式：_____

11 就餐人数

扫码听讲解

活动一

小朋友们，我们一起来探究就餐时的数学问题吧！

读一读

"八仙桌"指桌面四边长度相等的方桌，每边可坐两人，四边围坐八人（犹如八仙），故民间雅称"八仙桌"。

一起来交流

为了方便探究，咱们得把这些物品画下来。

可是这些桌子、凳子啥的都好难画啊！我用简易图画吧。我用正方形表示方桌（八仙桌），用圆圈表示人数，看我画的！

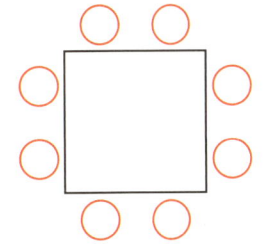

 融融你真聪明！这样就方便多了。

 请画出下面两种餐桌的简易图。

一起来交流

看我的！

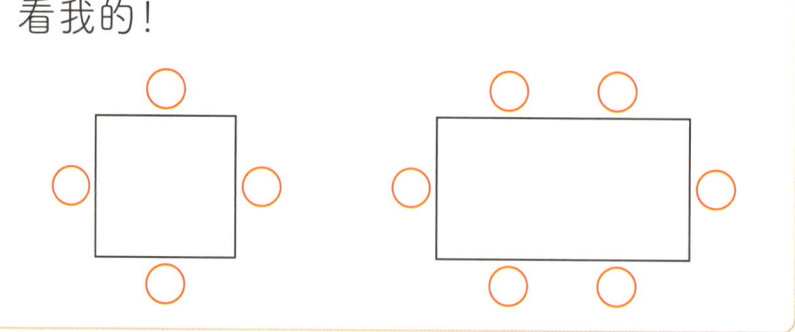

小朋友们，你们画对了吗？

11. 就餐人数

如果将两张八仙桌（每边可坐2人）拼在一起，一共可以坐多少人？

这道题我会做。八仙桌每边坐2人，有6条边，算式是2×6=12（人）。因此一共可以坐12人。

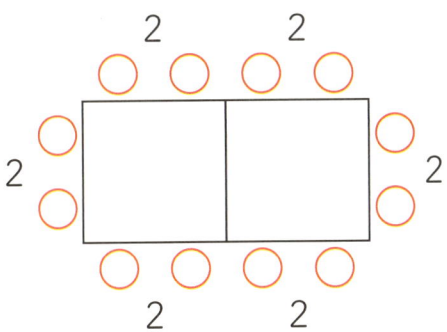

我的方法和你的不一样，我是这样做的：两张八仙桌拼在一起比分开摆坐的人数少了2个2，列算式是2×8−2×2=12（人）。我也做出来了！

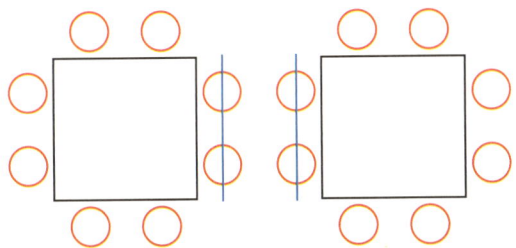

  难度升级啦,小朋友们继续来挑战吧!

动手操作

❶ 如果将3张、4张、5张八仙桌(每边可坐2人)像下面这样拼起来,一共能坐多少人?请你先画一画,再算一算。

拼成的桌子	就餐人数
▢▢▢	
▢▢▢▢	
▢▢▢▢▢	

当我们为了能够在一起吃饭而把几张桌子拼起来坐时,发现坐的总人数变少了。原因是桌子的边有合并的,可以坐的边数变少了。在数桌子拼起来后可以坐几个人时,我们可以先确定每条边可以坐几个人,再数一数拼合后的桌子有几条边,用乘法几乘几计算即可。

11. 就餐人数

❷ 如果用右侧这样的餐桌拼起来，你还能算出人数吗？

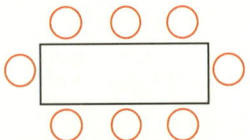

拼成的桌子	就餐人数
	3×4＋2＝14（人）

 第 ❶ 题我是这样做的：

2×8＝16（人）

2×10＝20（人）

2×12＝24（人）

那我做第 ❷ 题。

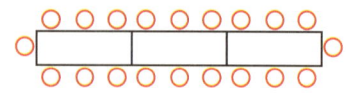

$6 \times 3 + 2 = 20$（人）

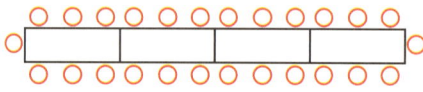

$8 \times 3 + 2 = 26$（人）

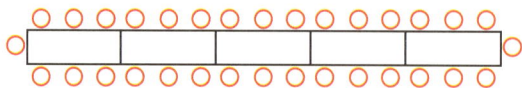

$10 \times 3 + 2 = 32$（人）

小朋友们，你们做出来了吗？

文化链接

餐桌礼仪

上手位，让长辈；
下手位，是客人。
餐桌上，需安静；
就餐时，不挑食。
餐桌上，不多语；
长辈先，而后己。
思饭菜，来不易；
不浪费，懂珍惜。

快和爸爸妈妈一起来挑战吧!

现在有10个人,只准备了一桌菜品,该选哪两种餐桌拼摆呢?(先画一画,再算一算)

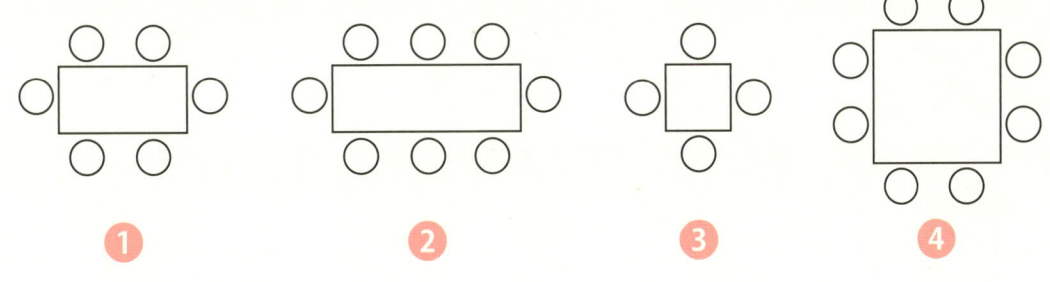

我会选（   ）号和（   ）号拼摆,最多能坐（   ）人。

12 过河问题

活动一

小朋友们，乘船过河中也有数学问题哦！一起来看看吧。

想一想

河边只有一只小船，船夫伯伯每次只能带3人过河，9人全部过河，至少需要几次？

这个问题可以直接用除法算式去解决噢！船夫伯伯每次能带3人过河，那么9人全部过河，则需要9÷3=3（次）。

动手操作

河边只有一只小船，每次只能坐3人，9人全部过河，至少需要几次？想一想，算一算。

12. 过河问题

一起来交流

这道题能否用上面的解题方法去解决呢？如果可以，那就还是3次！

不对！这次没有船夫伯伯了，必须得有1人划回去！

我是这样想的：因为这次没有船夫伯伯，那么每次都有1人需要划船返回。所以9＝2＋2＋2＋3，至少需要4次才能全部过河。

我的做法和你的不一样呢。因为最后一次3人同时过河，前面每次过2人，所以列算式为（9－3）÷（3－1）＝3（次），3＋1＝4（次）。

当有船夫伯伯时，每次带几人过河就是几人过河；当没有船夫伯伯时，已过河的几人中要有1人当船夫伯伯来回划船，每次会少1人过河，只有最后一次几人同时过，就不用返回了。小朋友，你记住了吗？

 河边只有一只小船,每次只能坐4人,16人全部过河,至少需要几次?

一起来交流

 这个问题中也没有船夫伯伯,因此前几次只有3人能过河,最后一次过4人。

我会做!每次只能坐4人,过去4人,需返回1人,最后一次可以全部4人一起通过。列算式为(16-4)÷(4-1)=4(次),4+1=5(次)。因此,至少需要5次才能使16人全部过河。

练一练

河边只有一只小船,每次只能坐5人,但需要2人划船,25人全部过河,至少需要几次?

一起来交流

这次需要2人一起划回来哦!

每次只能坐5人,过去5人,需返回2人,最后一次可以全部5人一起通过。列算式为(25－5)÷(5－2)＝6(次)……2(人),6+1+1＝8(次)。因此,至少需要8次才能使25人全部过河。

也就是说,先确定最后一次5人同时过,其余几次都是3人过河,2人当船夫。

对,这个问题就是算20里面有6个3,多余的2人还需要1次过河,再加上最后的5人1次过河,需要8次才能全部过河。

❶ 如果有船夫伯伯,那么总人数÷每次过河人数,就是过河次数。
❷ 如果没有船夫伯伯,那么算式(总人数－每次过河人数)÷(每次过河人数－划船人数),若能整除,则过河次数＝商＋1;若有余数,则过河次数＝商＋1＋1。

文化链接　小马过河问题

有这样一个有趣的数学问题：小明骑在马背上过河，共有甲、乙、丙、丁4匹马，甲马过河要2分钟，乙马过河要3分钟，丙马过河要8分钟，丁马过河要5分钟，每次只能骑着1匹马赶另1匹马过河。问：要把4匹马都赶到河对岸去，最少需要多少分钟？

很多人会这么想，每次骑上最快的马，去赶慢马，然后骑回来继续赶剩余的慢马，那就可以在最短的时间内将所有的马赶过河！这样的结果是8+2+5+2+3=20(分钟)。相信很多小朋友看到这里，第一想法也是这样子吧！

其实我们可以换种想法思考一下，我们用快马赶快马，慢马赶慢马，这样在慢马身上浪费的时间就会最少！那么用甲赶乙3分钟，甲回来2分钟，丁赶丙8分钟，乙回来3分钟，甲赶乙3分钟，共19分钟！这样就比之前少了1分钟呢！

因此，数学真的很神奇，它可以帮助我们解决很多生活中的问题！

12. 过河问题

快和爸爸妈妈一起来挑战吧!

河边只有一只小船,每次只能坐 5 人,25 人全部过河,至少需要几次?

13 数学与体育

扫码听讲解

活动一

 小朋友们，你们知道体育比赛中有哪些数学问题吗？

 体育比赛中有单循环赛、双循环赛、淘汰赛等情况，里面有许多数学问题哦！

 真的吗？来举些例子看看吧！

动手操作

三年级4个班进行足球比赛，每2个班之间都要赛1场，一共要进行几场比赛？

一起来交流

可以用逐一列举的方法。将 4 个班看作 4 个数 1、2、3、4，两个数放一起作为一场比赛，则有 12、13、14、23、24、34 六种情况，那就是 6 场比赛。

 可以像下图这样列出来，通过连线的方式表示每 2 个班赛 1 场，最后数一数一共有几条连线就可以了。

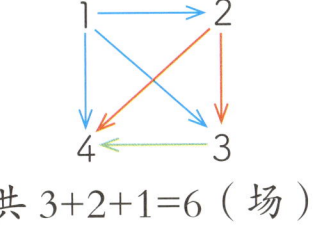

共 3+2+1=6（场）

我是这样想的：每个班都要和其他 3 个班各赛 1 场，一共是 4×3=12（场），但由于是单循环赛，所以要除以 2，因此列算式：4×3÷2=6（场）。

 单循环赛就是每 2 个队之间都要赛 1 场，无主客场之分。通俗讲，就是除了不和自己队比，和其他队都要比 1 场。

动手操作

三年级4个班进行篮球比赛,每2个班之间都要作为主客场各赛1场,一共要进行几场比赛?

一起来交流

这个问题需要考虑主客场,因此对比上面的问题,不用除以2。

 每个班都要和其他3个班各赛1场,但由于是双循环赛,不用除以2,所以列算式:4×3=12(场)。

双循环赛就是每2个队之间都要比赛2场,有主客场之分。

单循环赛、双循环赛我们已经弄明白了，那么淘汰赛又是怎么一回事呢？让我们一起来看看吧！

淘汰赛也是一种常见的比赛形式，主要用于竞技比赛，如足球、篮球、羽毛球、乒乓球等比赛。在淘汰赛中，参赛者必须在每轮比赛中都获胜才能晋级下一轮，直到最后决出冠军。淘汰赛的最初由来可以追溯至古希腊，在那里它被用于奥林匹克运动会。

动手操作

有 4 位同学进入羽毛球淘汰赛阶段，胜者晋级，败者淘汰，最终决出冠军，请问一共需要进行几场比赛？

一起来交流

可以用○代表同学，画一画，得出结果。

这个主意好！我来画一画：

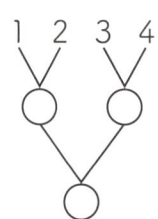

第一轮：2个2个比，
4人进行2场比赛，
4÷2＝2（场）；

第二轮：赢的2人继续比1场，
2÷2＝1（场），
最后赢的获得冠军。

通过画图，我们一眼就能看出第一轮进行2场比赛，第二轮进行1场，一共进行了2＋1＝3（场）比赛，最后只有一人获得冠军。

淘汰赛就是2个人（队）赛1场，胜者晋级，败者淘汰。

动手操作

有8位选手进入羽毛球淘汰赛阶段,胜者晋级,败者淘汰,最终决出冠军,请问一共需要进行几场比赛?

一起来交流

按上面的方法画出每一轮的场次:

第一轮:2个2个比,

  8人进行4场比赛,

  $8÷2=4$(场);

第二轮:4人进行2场比赛,

  $4÷2=2$(场);

第三轮:2人进行1场比赛,

  $2÷2=1$(场),

  最后产生冠军。

通过画图，我们发现8人进行了三轮比赛。一共进行了 8÷2＋4÷2＋2÷2＝7（场）比赛。

我大概发现规律了，因为每场比赛都是2人进行的，所以每一轮的比赛场次就是参赛人数÷2，然后把每一轮的比赛场次相加就能算出总的比赛场次了。

我也发现其中的奥秘了，淘汰赛最后除了冠军没有被淘汰，其他的都被淘汰了。比如4人比赛，进行3场，也就是4人中有3人被淘汰，只留下冠军1人，进行了 4－1＝3（场）比赛；8人比赛，进行7场，也就是8人中有7人被淘汰，只留下冠军1人，进行了 8－1＝7（场）比赛。

动手操作

有16支球队进入足球淘汰赛阶段，胜者晋级，败者淘汰，最终决出冠军，请问一共需要进行几场比赛？你能想出几种解题方法？

一起来交流

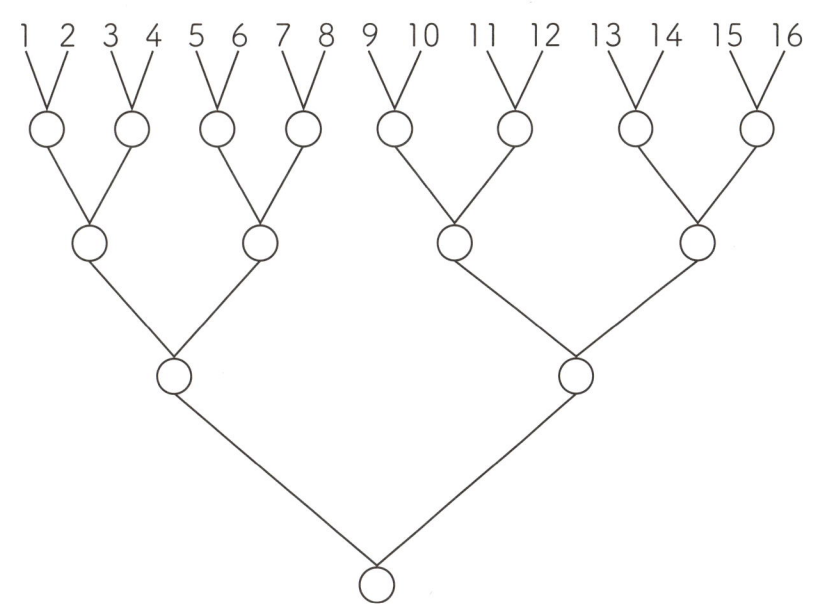

我来画一画，算一算。

第一轮进行 16÷2＝8（场）比赛，
第二轮进行 8÷2＝4（场）比赛，
第三轮进行 4÷2＝2（场）比赛，
第四轮进行 2÷2＝1（场）比赛，
所以一共需要进行 8＋4＋2＋1＝15（场）比赛。

我按前面侨侨发现的"奥秘"那种方法来算：
16支球队比赛，15支被淘汰，只留下冠军1支，
因此需要进行 16－1＝15（场）比赛。

看来解决淘汰赛的比赛总场次问题时，我们不仅可以通过模拟比赛画图，直到2人（队）1场，即每一轮比赛都是求参赛总数里面有几个2，也就是参赛总数÷2，以此类推，直到产生冠军，然后将每一轮的场次相加，得到比赛总场数；还可以根据"除了冠军，其他全部被淘汰"这一结果得出要淘汰多少人（队）就要进行多少场比赛，也就是淘汰赛进行的总场次＝参赛人（队）数－1。

体育比赛中的一些赛制

淘汰赛

淘汰赛是指体育比赛和其他各种比赛中的一种赛制，在这种赛制中赛员两两相对，输一场即淘汰出局。每一轮淘汰一半选手，直至产生最后的冠军。在单淘汰赛制中赛会组委会事先会将全部选手按预赛名次或种子顺序进行编排，也支持部分种子选手直接从中间某轮开始参加比赛安排（即轮空）。这样做的目的是避免实力强的选手过早相遇，导致后面的比赛中对阵双方的实力相差过于悬殊，影响比赛的悬念和精彩程度。

循环赛

循环赛，是每个队都能和其他队比赛一次或两次，最后按成绩计算名次的比赛方法。这种方法比较合理、客观和公平，有利于各队相互学习和交流经验。

循环赛包括单循环、双循环和分组循环三种方法。

 快和爸爸妈妈一起来挑战吧！

有若干个班级进行足球单循环比赛，最终一共赛了28场，那么有多少个班级呢？先跟爸爸妈妈说一说你是怎么想的，然后算一算。

可以通过画一画、算一算等方式，利用学过的知识解决问题哦！

14　1支笔多少钱

小朋友们，你们在购物的时候，会联想到数学问题吗？

华华、侨侨、佳佳和慧慧在文具商店买文具。看着货架上琳琅满目的文具和价格，华华的脑海里马上联想到了一个个数学问题……

一起来交流

这里有2支笔，一共6元，1支笔多少钱？

？元

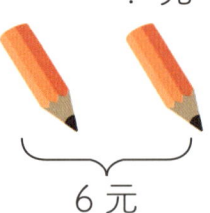

6元

6÷2=3（元），1支笔3元钱。

3支毛笔12元，1支毛笔多少钱？

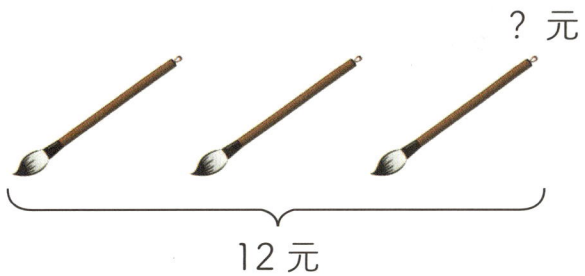

12元

让我来！12÷3=4（元），1支毛笔4元钱。

 1支毛笔有点难画，我用○来表示，也可以清晰地表达题目意思。

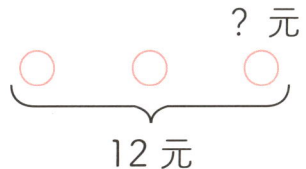

12元

我用线段图来表示，这样画起来更加简洁方便。

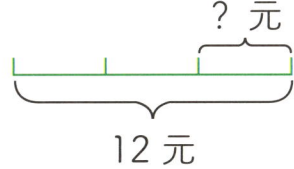

12元

 是呀，画图能够帮助我们清晰地呈现题意，借助符号画图则能使我们的图更加简洁、明了。

小朋友们都学会了吗？下面我们继续。

动手操作

4支水性笔16元，1支钢笔比1支水性笔贵了20元。1支钢笔多少钱？画一画，列一列。（可画简易图）

一起来交流

没告诉我们1支水性笔的价格呀，怎么算呢？

我知道！我们得先算出1支水性笔的价钱，然后才能算出1支钢笔的价钱。

我先画一画：

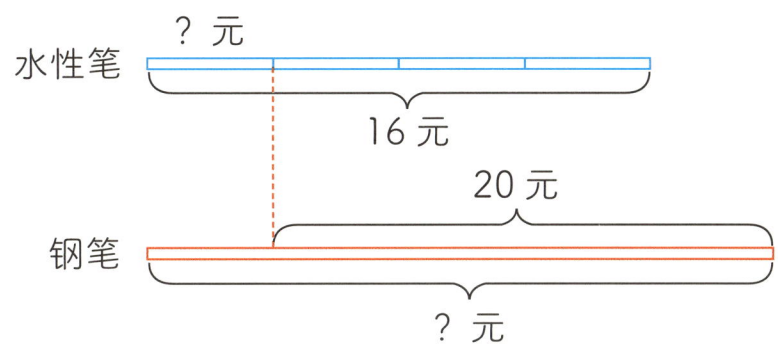

然后列算式：
1支水性笔的价钱是：16÷4=4（元）；
那么1支钢笔的价钱就是：4+20=24（元）。

动手操作

5支毛笔50元，1支水性笔比1支毛笔便宜6元，1支水性笔多少钱？

你能按照上面的样子画一画吗？

一起来交流

我先画一画：

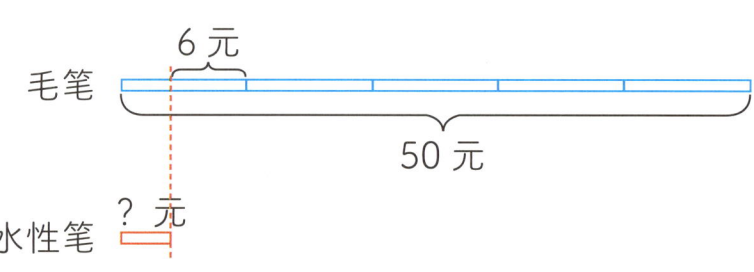

然后列算式：50÷5－6＝4（元）。
1支水性笔4元钱。

我们想知道1支水性笔多少钱，就得先求出1支毛笔的价钱。

没错！利用"5支毛笔50元"可以求出1支毛笔的价钱：50÷5＝10（元）。

"1支水性笔比1支毛笔便宜6元"，那就是10－6＝4（元）。我们直接用算式就解出这道题啦！

  难度升级啦，一起来挑战吧！

动手操作

华华带了一些钱买钢笔。如果买 1 支，剩下 15 元；如果买 2 支，剩下 3 元。那么 1 支钢笔多少钱？画一画，列一列。

一起来交流

 买 1 支钢笔剩下 15 元，买 2 支只剩下 3 元，说明有 12 元去买钢笔了！

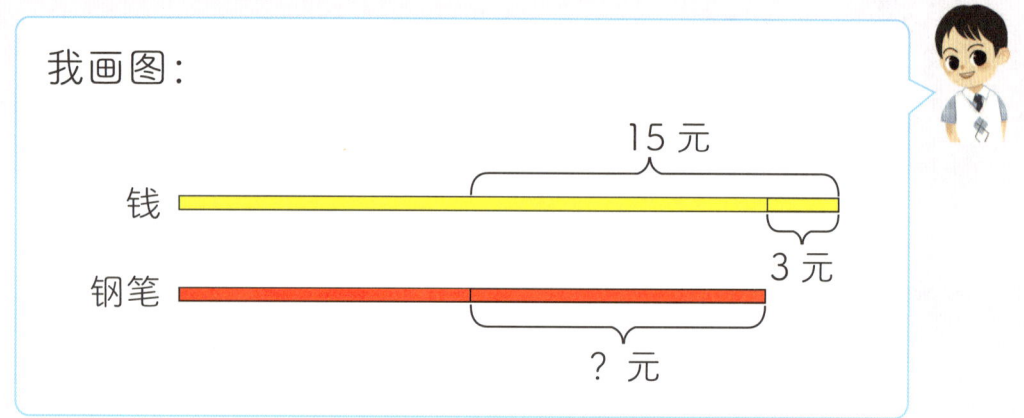

 我列式：15－3＝12（元）。

动手操作

融融也带了一些钱买钢笔。如果买1支，剩下15元；如果买2支，还差3元。那么1支钢笔多少钱？画一画，列一列。

一起来交流

买 1 支钢笔剩下 15 元,买 2 支还差 3 元,说明 1 支钢笔 18 元!

我画图:

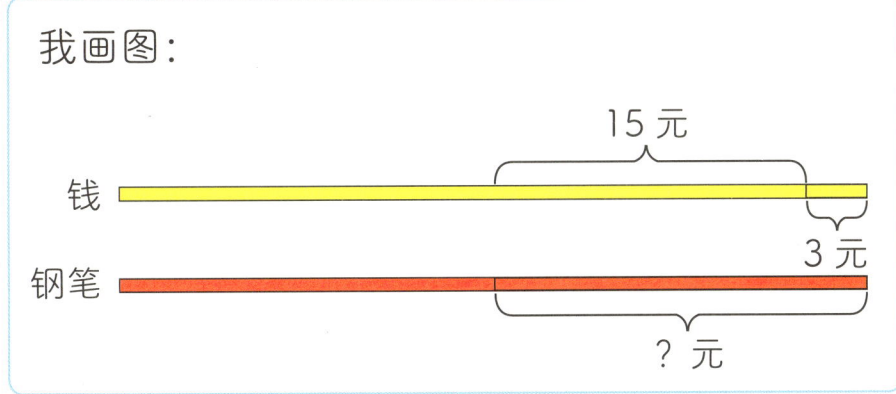

我列式:15+3=18(元)。

 前面这两个问题有什么共同点和不同点吗?

都是解决 1 支笔多少钱的问题,但是情况不一样。买第 2 支笔的时候,有时候剩下钱,有时候钱又不够了。

 都是看买 1 支笔剩下的钱,再和买第 2 支笔作比较!

不管是哪种类型,我们都可以先用画图的方式来表达题目意思,然后列式解决!

快和爸爸妈妈一起来挑战吧!

❶ 小明带了一些钱买钢笔。如果买1支,剩下15元;如果买2支,还差5元。那么1支钢笔多少钱?

❷ 小丽也带了一些钱买钢笔。如果买1支,剩下15元;如果买3支,还差25元。那么1支钢笔多少钱?

解决这类问题有什么需要特别注意的地方吗?

可以通过画图解决哦!

可以通过两次购买钱的差价,计算出1支笔多少钱。

15 倍数问题

扫码听讲解

小朋友们,你们知道和倍和差倍问题吗?一起来看看吧!

和倍问题
已知两个数的和以及它们之间的倍数关系,是和倍问题。

差倍问题
已知两个数的差以及它们之间的倍数关系,是差倍问题。

黄花和红花一共有20朵,黄花的朵数是红花的3倍。红花、黄花各有多少朵?

从题目中我知道黄花和红花一共有 20 朵，黄花的朵数是红花的 3 倍。

红花和黄花比，黄花多。如果红花是 1 份，黄花就是 3 份，它们一共是 4 份。

像这样画线段图就更加清楚了！

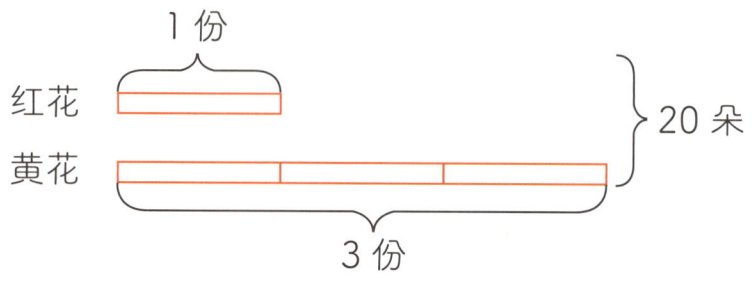

我会做了！先求一共有几份：1＋3＝4（份）；再求 1 份（即红花）的朵数：20÷4＝5（朵）；最后求黄花的朵数：5×3＝15（朵）。因此红花是 5 朵，黄花是 15 朵。

我也做出来了，但是我的方法和你的不太一样呢。红花的朵数：20÷（1＋3）＝5（朵）；黄花的朵数：20－5＝15（朵）或者 5×3＝15（朵）。

15. 倍数问题

练一练 涂一涂，算一算。

❶ 红色是蓝色的 2 倍。

○○○○○○○○○○○○

红色和蓝色一共有（　　）个，蓝色是（　　）份，红色是（　　）份，一共有（　　）份，那么蓝色（　　）个，红色（　　）个。

❷ 绿色是黄色的 3 倍。

○○○○○○○○○○○○

绿色和黄色一共有（　　）个，黄色是（　　）份，绿色是（　　）份，一共有（　　）份。那么黄色（　　）个，绿色（　　）个。

一起来交流

第 ❶ 题文字信息告诉我们,红色是蓝色的 2 倍;根据图中信息我们还知道一共有 12 个 ○,也就说明红色 ○ 和蓝色 ○ 一共有 12 个。蓝色为 1 份,红色为 2 份,一共有 1+2=3(份),那么蓝色有 12÷3=4(个),红色有 4×2=8(个)。

第 ❷ 题文字信息告诉我们,绿色是黄色的 3 倍;根据图中信息我们还知道一共有 12 个 ○,也就说明绿色 ○ 和黄色 ○ 一共有 12 个。黄色为 1 份,绿色为 3 份,一共有 1+3=4(份),那么黄色有 12÷4=3(个),绿色有 3×3=9(个)。

我来画一画。

解决这样的问题,我们不仅要读懂文字信息,还要读懂图中的信息,并且找到以谁为标准的 1 份。

15. 倍数问题

小朋友们,这些和倍问题是不是很有意思?我们继续来挑战吧!

动手操作 根据信息和问题先画一画,再列一列。

❶ 钢笔的价格是圆珠笔的4倍。钢笔和圆珠笔分别是多少元?

钢笔 圆珠笔

30元

❷ 学校里有篮球和足球一共40个,篮球的个数是足球个数的3倍。篮球和足球各有多少个?

❸ 去年,妈妈和明明年龄的和是40岁,且妈妈的年龄正好是明明的4倍。今年妈妈和明明分别是多少岁?

 第 ❶ 题我是这样做的：

圆珠笔 ⎫
钢笔　 ⎬ 30元

一共有几份：4＋1＝5（份）；圆珠笔：30÷5＝6（元）；钢笔：30－6＝24（元）。

那我做第 ❷ 题，看我的：

足球 ⎫
篮球 ⎬ 40个

一共有几份：3＋1＝4（份）；足球：40÷4＝10（个）；篮球：40－10＝30（个）。

 第 ❸ 题我是这样想的：
题中信息告诉我们的是去年的年龄关系，首先借助画图求出妈妈和小明去年的年龄：

去年明明的年龄 ⎫
去年妈妈的年龄 ⎬ 40岁

一共有几份：4＋1＝5（份）；去年明明的年龄：40÷5＝8（岁）；去年妈妈的年龄：40－8＝32（岁）或 4×8＝32（岁）。题中求的是今年的年龄，今年比去年都长了一岁，因此今年明明的年龄为9岁，妈妈的年龄为33岁。

 解决和倍问题，有什么方法呢？

 首先从题目中找到两个数的和是多少，然后确定它们的总份数。

如果有困难可以画图来思考。

倍数关系：（　　）是1份，（　　）是几份，一共有（　　）份；

1份是多少：总数÷份数＝每份数；

几份是多少：每份数×几＝几份数。

华华总结得很好。小朋友们，你们都会了吗？

 小朋友们，当我们在解决问题时，可以将文字信息转化成圆圈图、线段图、条形图等直观的图形，使数学问题中的数量关系一目了然，从而快速准确地得到答案。

小朋友们，有趣的和倍问题你们掌握了吗？下面我们来看一下差倍问题！

动手操作

黄花的朵数是红花的 3 倍，黄花比红花多 10 朵。红花、黄花各有多少朵？

一起来交流

从题目中我知道黄花与红花之间的数量关系，以红花为标准，把它当成 1 份数，黄花是红花的 3 份数。

黄花比红花多 2 份，多了 10 朵。

15. 倍数问题

像这样画线段图就更加清楚了！

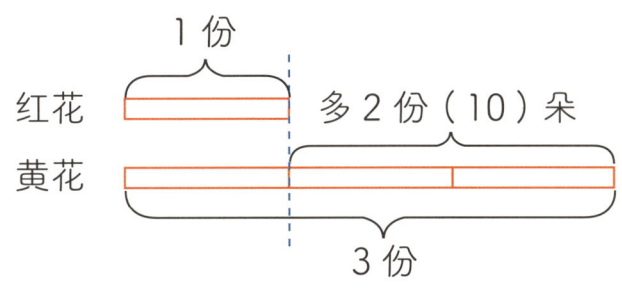

先求出黄花比红花多出的份数：3－1＝2（份）；再根据"多出的份数，就是多出的10朵"，求出1份（即红花）的朵数：10÷2＝5（朵）；最后求黄花的朵数：5×3＝15（朵）。因此红花是5朵，黄花是15朵。

有黑色、蓝色、红色、绿色4种珠子。

黑色6颗　蓝色（　）颗　红色（　）颗　绿色（　）颗

① 蓝色珠子比黑色珠子的2倍少3颗，蓝色珠子有多少颗？

❷ 红色珠子是绿色珠子的 4 倍，红色珠子比绿色珠子多 18 颗。红色珠子和绿色珠子各有多少颗？

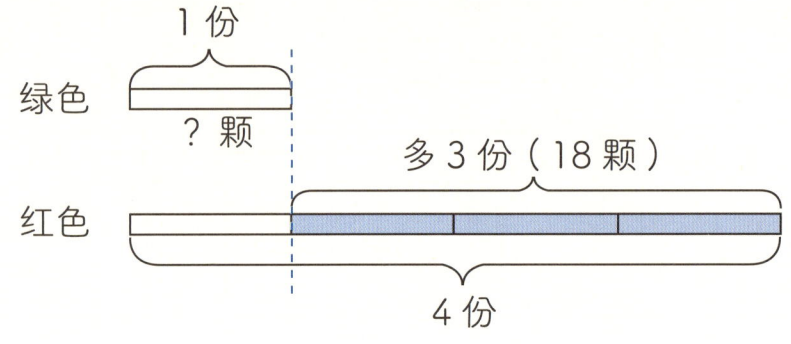

一起来交流

❶ 蓝色珠子：6×2－3＝9（颗）。
❷ 绿色珠子：18÷(4－1)＝6（颗）；
　红色珠子：6＋18＝24（颗）。

小朋友，你做对了吗？

15. 倍数问题

 解决差倍问题,有什么方法呢?

 首先从题目中找到两个数相差几份,相差多少,然后求一份是多少。
如果有困难可以画图来思考。
倍数关系:(　　)是1份,(　　)是几份,相差(　　)份,相差(　　);
1份是多少:相差数÷相差份数=1份数;
几份是多少:1份数×几=几份数。

慧慧总结得很好!

文化链接 国际象棋与麦粒的故事

相传，古印度的舍罕王打算重赏自己的宰相西萨班·达依尔，国王问他想要什么，宰相拿出一个64个格子的国际象棋棋盘，对国王说："陛下，请您在这个棋盘的第1个小格里，赏给我1粒麦子，在第2个小格里给2粒，第3个小格给4粒，以后每一小格都比前一小格加一倍。请您按这样摆满棋盘上所有的格子，并把这所有的麦粒都赏给您的仆人吧！"国王觉得这要求太容易满足了，就答应了达依尔的要求。

当人们把一袋一袋的麦子搬来开始计数时，国王才发现：就是把全印度甚至全世界的麦粒都拿来，也满足不了宰相的要求。那么，宰相要求得到的麦粒到底有多少呢？

如果把第1个小格里的1粒麦子写成2的0次方，第2个小格里的2粒麦子写成2的1次方，第3个小格里的4粒麦子写成2的2次方，那么第n个小格里的麦粒数目就可以写成2的$n-1$次方。国际象棋一共有64个格子，到第64格的时候，需要放的麦粒数目就是2的63次方，即9 223 372 036 854 775 808粒，这还只是这一个格子的容量。如果全部累计，就是$1+2+4+8+\cdots+2^{63}=2^0+2^1+2^2+2^3+\cdots+2^{63}=2^{64}-1=$18 446 744 073 709 551 615（粒），约2 000多亿吨。即使现代，全球小麦的年产量也不过数亿吨。人们估计，全世界需要大约300年才能生产出这么多麦子！

快和爸爸妈妈一起来挑战吧！

❶ 将珠子按要求涂上蓝色、黄色。蓝色珠子是黄色珠子的 3 倍。蓝色珠子和黄色珠子各有多少个？

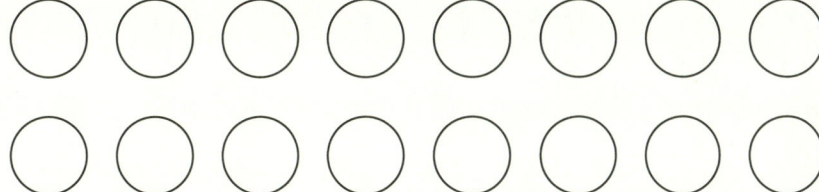

❷ 将花朵按要求涂上紫色、橙色。紫花的朵数是橙花的 5 倍。紫花、橙花各有多少朵？

16 蜗牛爬井

扫码听讲解

活动一  小朋友们,你们一定很好奇蜗牛为什么要从井中爬出来吧?快来看看下面的故事吧!

读一读

一只蜗牛掉进了井里。井底的青蛙看着蜗牛说:

"这井太深了,安心在这里生活吧!"

蜗牛想:"井外的世界多美啊,我绝不能像青蛙这样生活在井底!"于是它问青蛙:
"青蛙大叔,请问这口井有多深?"

"这井有10米深,你小小年纪,又背着这么重的壳,怎么爬得上去呢?"

蜗牛默默地顺着井壁往上爬。到傍晚终于爬了2米。蜗牛很高兴,心想:"我每天往上爬2米,总有一天会爬出去的!"

一起来交流

按照蜗牛的速度,它第几天可以爬出井口呢?先画一画(用箭头标出蜗牛每一天的位置,参照下图),再算一算。

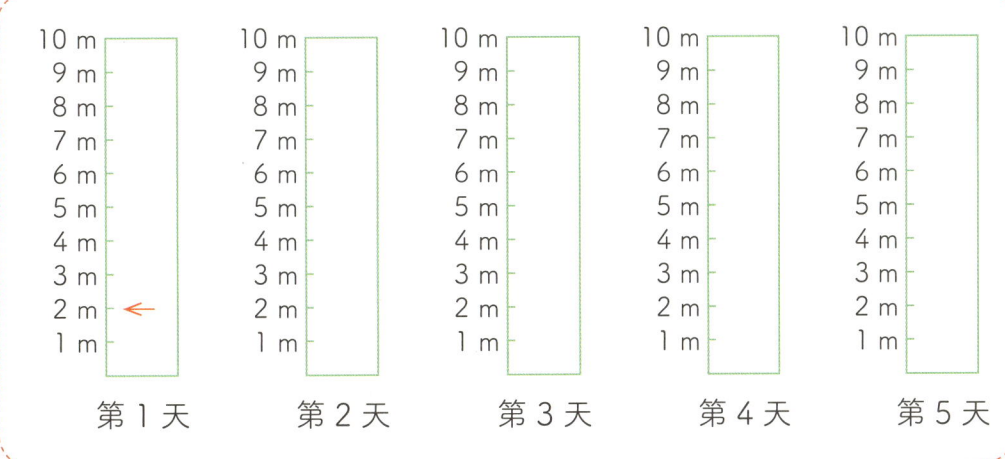

我来画一画(请小朋友帮忙在上图中标注),蜗牛第1天爬到2米处,第1天的箭头已经画好了;第2天爬到4米处,在4米处画箭头;第3天爬到6米处,在6米处画箭头;……按照这样画下去,然后数一数箭头个数就可以确定答案了。

我会用算式表示。其实就是求10米里面有几个2米:10÷2=5(天)。

唉呀！又有一只蜗牛掉进去了！小朋友们快来看看吧！

读一读

过了几天，又有一只蜗牛掉进了井里。它也不服输，顺着井壁往上爬，到了傍晚它竟然爬了5米！这只蜗牛特别高兴，它想："照这样的速度，我2天就能爬出去了！"

蜗牛心满意足地睡去。早上醒来，它发现自己下滑了4米。蜗牛叹了一口气，又开始往上爬……

这只蜗牛按照"白天往上爬5米，晚上下滑4米"的速度，需要几天才能爬出井口呢？请你画一画，算一算。

```
10 m
 9 m
 8 m
 7 m
 6 m
 5 m
 4 m
 3 m
 2 m
 1 m
```

16. 蜗牛爬井

蜗牛白天往上爬 5 米, 晚上下滑 4 米, 相当于每天往上爬 1 米, 这口井一共 10 米深, 那么应该是 10 天才能爬出来!

不对吧, 前 5 天蜗牛的确是每天上升 1 米, 但是在第 6 天的白天, 蜗牛往上爬 5 米, 就可以直接出井口了呀, 不会再往下掉了! 我认为是 6 天爬出井口!

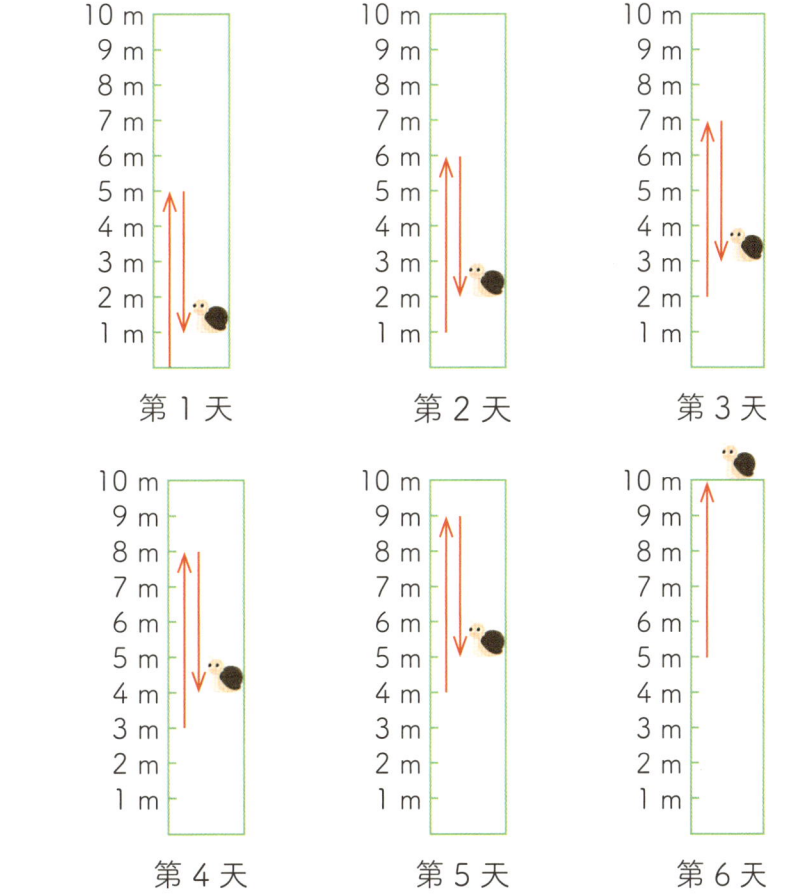

还可以用表格来表示：

天数	第1天	第2天	第3天	第4天	第5天	第6天
每天往上爬的高度	1米	1米	1米	1米	1米	5米

我用算式来表示：

先减去最后一天爬上去的5米：10－5＝5（米）；

再算出爬前面5米所用的天数：5÷（5－4）＝5（天）；

再加上最后一天：5＋1＝6（天）。

 这两个蜗牛爬井的问题，有什么不一样？

第5天 → 10 m
　　　　 9 m
第4天 → 8 m
　　　　 7 m
第3天 → 6 m
　　　　 5 m
第2天 → 4 m
　　　　 3 m
第1天 → 2 m
　　　　 1 m

第6天 → 10 m
　　　　 9 m
　　　　 8 m
　　　　 7 m
　　　　 6 m
第5天 → 5 m
第4天 → 4 m
第3天 → 3 m
第2天 → 2 m
第1天 → 1 m

  小朋友们都学会了吗？咱们继续来挑战。

动手操作

一只蜗牛爬竹竿，白天往上爬 3 米，晚上下滑 2 米，它几天能爬上 10 米高的竿顶？

"爬竹竿问题"和"爬井问题"本质上是一样的，请你画一画，算一算。

 上爬 3 米，下滑 2 米，相当于每天爬 1 米。

最后一天很关键哦！蜗牛爬到顶就不会再滑下来了。

我来算一算：（10－3）÷（3－2）＝7（天），7＋1＝8（天）。

小朋友们，你们来画一画吧，看看融融做的对不对。

从0开始，按加6减4的运算顺序计算，使结果等于16。请问要分别加几个6、减几个4呢？

上面这个问题，和"蜗牛爬井问题"有什么关系呢？

它们本质上是一样的，都是增加多少，再减去多少，最后一次增加后就不用再减了。

我算出来了，加6个6，减5个4。

小朋友们，你们还有其他答案吗？

 快和爸爸妈妈一起来挑战吧！

已知井深9米，蜗牛和乌龟同时从井底沿着井壁往上爬。蜗牛白天往上爬2米，晚上下滑1米；乌龟白天往上爬3米，晚上下滑1米。请问当乌龟爬到井口时，蜗牛距离井口多少米？

蜗牛和乌龟同时开始往上爬，先想一想乌龟爬到井口需要几天呢？

17 数独游戏

扫码听讲解

小朋友们，你们玩过数独游戏吗？

　　数独游戏是一种运用纸、笔进行演算的逻辑游戏，根据已知数字，推理出所有剩余空格的数字，并满足每行、每列、每宫的数字均为 1~n，且不重复。

四宫格数独

	1	2	3	4
A	宫一	宫一	宫二	宫二
B	宫一	宫一	宫二	宫二
C	宫三	宫三	宫四	宫四
D	宫三	宫三	宫四	宫四

六宫格数独

	1	2	3	4	5	6
A	宫一	宫一	宫一	宫二	宫二	宫二
B	宫一	宫一	宫一	宫二	宫二	宫二
C	宫三	宫三	宫三	宫四	宫四	宫四
D	宫三	宫三	宫三	宫四	宫四	宫四
E	宫五	宫五	宫五	宫六	宫六	宫六
F	宫五	宫五	宫五	宫六	宫六	宫六

九宫格数独

	1	2	3	4	5	6	7	8	9
A	宫一	宫一	宫一	宫二	宫二	宫二	宫三	宫三	宫三
B	宫一	宫一	宫一	宫二	宫二	宫二	宫三	宫三	宫三
C	宫一	宫一	宫一	宫二	宫二	宫二	宫三	宫三	宫三
D	宫四	宫四	宫四	宫五	宫五	宫五	宫六	宫六	宫六
E	宫四	宫四	宫四	宫五	宫五	宫五	宫六	宫六	宫六
F	宫四	宫四	宫四	宫五	宫五	宫五	宫六	宫六	宫六
G	宫七	宫七	宫七	宫八	宫八	宫八	宫九	宫九	宫九
H	宫七	宫七	宫七	宫八	宫八	宫八	宫九	宫九	宫九
I	宫七	宫七	宫七	宫八	宫八	宫八	宫九	宫九	宫九

一起来交流

横着的叫行，竖着的叫列，橙色区域的叫宫。

第一个图中每行、每列、每宫有四个格子，叫做四宫格，以此类推。

我们先来玩一玩四宫数独吧!

动手操作

在每行、每列和每宫中,分别填上数字 1~4,使每行、每列、每宫里的数字都不重复。

	1	4	
	4	3	
4	2		3
1			4

一起来交流

	1	4	
	4	3	
4	2	3	3
1	3		4

从数最多的列或行开始。第 2 列已经有数字"1、2、4"了,还少一个"3"。这也是唯一填法。

	1	4	
	4	3	
4	2	○	3
1	3	○	4

接着观察数多的第 3 行、第 4 行。是不是很快就能填出来了?试试看。

	1	4	②
	4	3	
4	2	1	3
1	3	2	4

	1	4	2
	4	3	
4	2	1	3
1	3	2	4

现在第1列和第4列都剩下2格，我们要通过行、列、宫综合考虑。圆圈处从行考虑可以填2或3，从列考虑排除3，最后只能填2。这就是排除法。

最后几个空格，从数最多的开始考虑，用上唯一法、排除法试试看。

数独真好玩，可以从数最多的开始考虑，慢慢推出其他的空格。

3	1	4	2
2	4	3	1
4	2	1	3
1	3	2	4

同时观察行、列、宫，运用排除法，可以帮助我们快速地进行判断！

 在每行、每列和每宫中，分别填上数字1~4，使每行、每列、每宫里的数字都不重复。

2			
3			4
		3	2
4	2		1

❶

		1	
3			1
	3	2	
		4	3

❷

	1		
			4
3			
4			2

❸

一起来交流

我先来做第 ❶ 题。首先找出数最多的行或列，我们发现第 1 列已经有 2、3、4 了，那剩下的空格只能填 1；第 4 行已经有 1、2、4 了，剩下的空格只能填 3。这里用的是唯一法。

2			
3			4
①	3		2
4	2	③	1

接着继续用唯一法填出第 4 列的 3 和第 3 行的 4，再用排除法填出第 2 列的 1 和 4。

2	④		③
3	①		4
1	3	④	2
4	2	3	1

剩下的用唯一法就能填出来。做完记得检查一下，每行、每列、每宫的数字都不能重复哦！

2	4	1	3
3	1	2	4
1	3	4	2
4	2	3	1

我做第 ❷ 题。我观察到第 3 列、第 4 宫都可以用唯一法直接填写。

	1	③	
3		1	
	3	2	①
		4	3

接着继续用唯一法填写第 3 行；用排除法填写第 2 列的 2 和 4，第 4 列的 2 和 4。

	1	3	④
3	④	1	②
④	3	2	1
	②	4	3

剩下的用唯一法就能填出来。

2	1	3	4
3	4	1	2
4	3	2	1
1	2	4	3

你填对了吗？

我来做第 ❸ 题。首先从第 1 列入手，用唯一法填写剩下的数字 2；然后同时观察第 3 宫和第 4 行，利用排除法填写数字 1。

1			
②			4
3			
4	①		2

接着利用唯一法填写第 3 宫的 2 和第 4 行的 3，同时观察第 1 宫和第 2 行，通过排除法确定数字 3。

1			
2	③		4
3	②		
4	1	③	2

请你继续用唯一法和排除法填写剩下的空格。

1	4	2	3
2	3	1	4
3	2	4	1
4	1	3	2

活动二

现在我们一起来玩六宫数独吧！

动手操作

在每行、每列和每宫中，分别填上数字1~6，使每行、每列、每宫里的数字都不重复。

3	6			1	
4	2				
			3	4	2
1		4		6	3	5
2		4			3
				1		2

一起来交流

唯一法：

3	6			1	
4	2				
		3	4	2	①
1	4		6	3	5
2		4			3
				1	2

从数最多的开始。第4宫已经有2、3、4、5、6了，空格处只能填1。

3	6			1	
4	2				
		3	4	2	
1	4	②	6	3	5
2		4			3
				1	2

同样也可以填数最多的第4行，该行已经有1、3、4、5、6了，空格处只能填2。

排除法：

同时观察第1宫和第1行，第1宫只剩下1和5，再观察第1行已经有1了，那么圆圈里只能填5。

同时观察第2列和第3行，第3行只剩下5和6，再观察第2列已经有6了，那么圆圈里只能填5。

六宫数独原来跟四宫数独的方法一样，都可以从数最多的开始考虑。

同时观察行、列、宫，可以快速地利用排除法进行填数。你能把剩下的填完吗？

用上唯一法和排除法，你做对了吗？

 在每行、每列和每宫中，分别填上数字1~6，使每行、每列、每宫里的数字都不重复。

	3	1	6	5	
6	2			1	4
1		6	2		5
2		3	4		1
5	6			4	3
	1	4	5	2	

6		5	1	4	
1			3	5	
5	1	6		2	
	4	3			1
	6		2		5
		2	6		

 我选第 ❶ 题。首先同时观察第1宫和第1行，第1宫已经有1、2、3、6，第1行已经有5，故红色圈里只能填4；继续观察第1宫和第1行，现在第1宫绿色圈里只能填5，第1行绿色圈里只能填2。

用同样的方法同时观察第6行和第5宫，第6行已经有了1、2、4、5，第5宫已经有6，因此红色圈里只能填3；接着第5宫绿色圈里只能填2，第6行绿色圈里只能填6。

④	3	1	6	5	②
6	2	⑤		1	4
1		6	2		5
2		3	4		1
5	6	②		4	3
③	1	4	5	2	⑥

接下来看我的！
我们要学会同时观察宫、行、列，在旁边写上数字1、2、3、4、5、6，用上唯一法和排除法，帮助你找到结果。

4	3	1	6	5	2
6	2	5	3	1	4
1	4	6	2	3	5
2	5	3	4	6	1
5	6	2	1	4	3
3	1	4	5	2	6

第 ❷ 题我是这样想的：首先观察第 3 宫，用唯一法填出数字 2；还可以同时观察第 2 宫和第 1 行，第 1 行已经有 1、4、5、6，第 2 宫已经有 3，因此红色圈里只能填 2。

6	5	1	4	②	
1			3	5	
5	1	6		2	
②	4	3			1
	6		2		5
		2	6		

还可以填出所有的 2 在哪里，所有的 6 在哪里，这样也可以填写完成。

6	3	5	1	4	2
1	2	4	3	5	6
5	1	6	4	2	3
2	4	3	5	6	1
4	6	1	2	3	5
3	5	2	6	1	4

文化链接 数独与"九宫"

数独的前身是"九宫格",源于中国。数千年前,我们的祖先发明了洛书,要求纵向、横向、斜向上的数字之和都等于15,并且9个数不能重复。儒家典籍《易经》中的"九宫图"也源于此,故称"洛书九宫图"。而"九宫"之名也因《易经》在中华文化发展史上的重要地位得以保存,进而沿用至今。

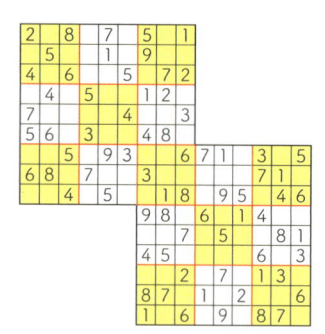
连环数独

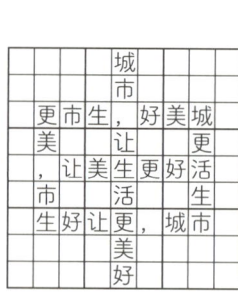
汉字数独

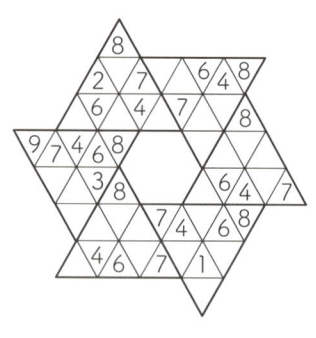
六角数独

趣味九宫数独

 快和爸爸妈妈一起来挑战吧！

在每行、每列和每宫中，分别填上数字1~9，使每行、每列、每宫里的数字都不重复。

5		6		7	4			8
	9		5		8	4	1	
		4	3	9			6	
4				6		7	2		9
	7	2		8		6		4
	6	8		5	2		3	
2		5		4	6		7	1
6			7		5	8	2	
	8	7	9	2		5		6

		1	5		6	7	3	8
		7	8			2	4	1
4		8		7	1		5	
5	1	4		8	3		6	
7		9				4		3
	6		1	9		8	7	5
	4		9	2		3		6
3	9	6			8	5		
8	7	2	3		5	1		

18 算盘知多少

扫码听讲解

活动一

小朋友们,你们听说过"三下五除二"这个俗语吗?

我知道,"三下五除二"常用来形容做事及动作敏捷利索。

"三下五除二"是珠算口诀之一。算盘不仅可以记数,还能进行加、减、乘、除计算呢。现在有些地方还经常使用算盘进行计算。

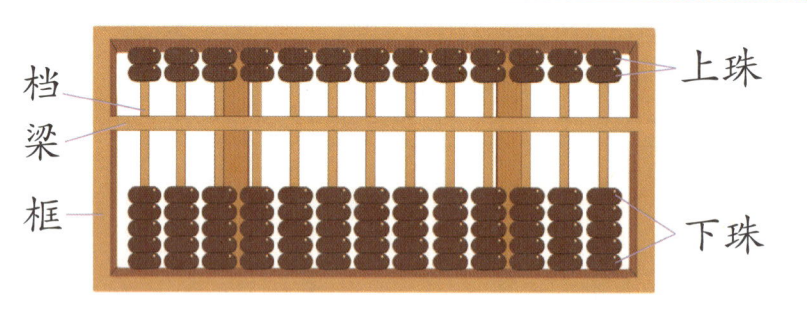

算盘分上珠和下珠,每颗珠子表示的大小一样吗?

不一样哦！1颗上珠表示5，而1颗下珠表示1。

下面我们就一起来学习简单的算盘加减法吧。

大拇指：拨下珠靠梁，也就是下珠往上拨时用大拇指。

食指：拨下珠离梁，也就是下珠往下拨时用食指。

中指：拨上珠用。

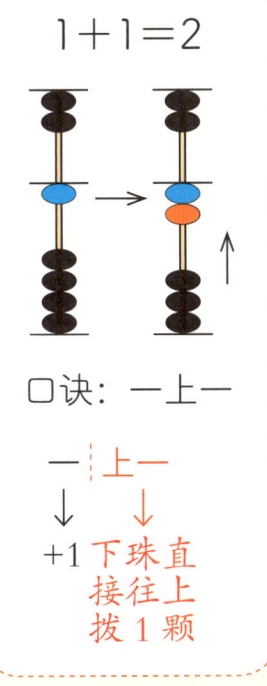

1+1=2

口诀：一上一

一　上一
↓　↓
+1　下珠直接往上拨1颗

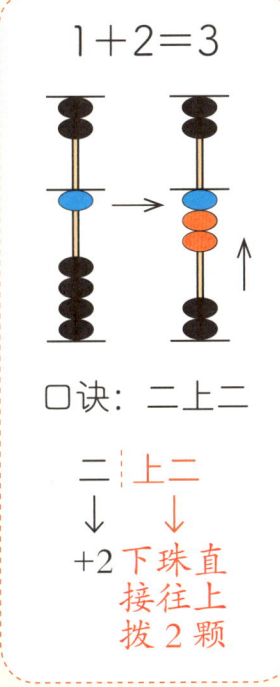

1+2=3

口诀：二上二

二　上二
↓　↓
+2　下珠直接往上拨2颗

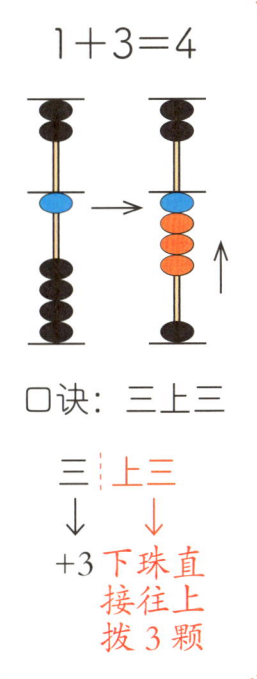

1+3=4

口诀：三上三

三　上三
↓　↓
+3　下珠直接往上拨3颗

2−1=1

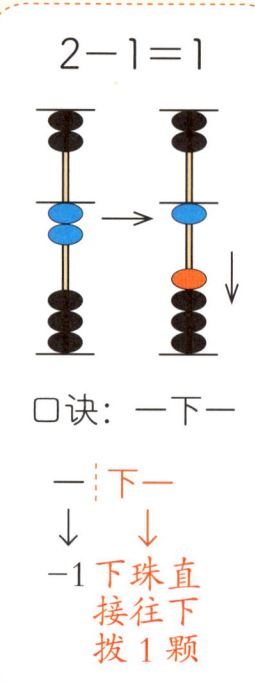

口诀：一下一

一 下一
↓ ↓
−1 下珠直
接往下
拨 1 颗

3−2=1

口诀：二下二

二 下二
↓ ↓
−2 下珠直
接往下
拨 2 颗

4−3=1

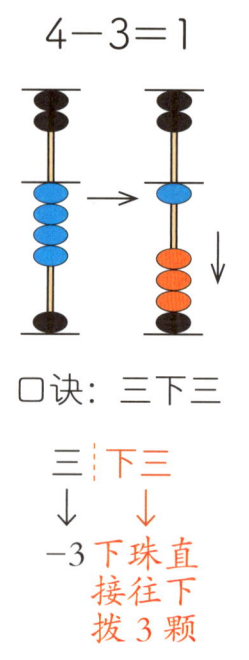

口诀：三下三

三 下三
↓ ↓
−3 下珠直
接往下
拨 3 颗

 画一画，填一填。

2+2=

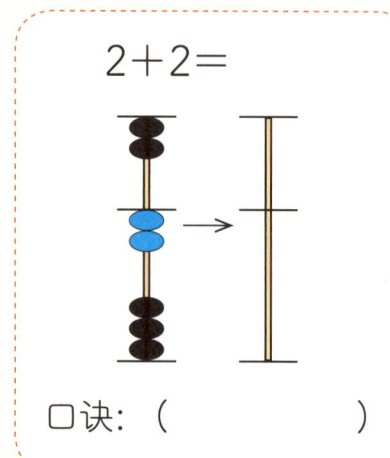

口诀：（　　　　）

3−1=

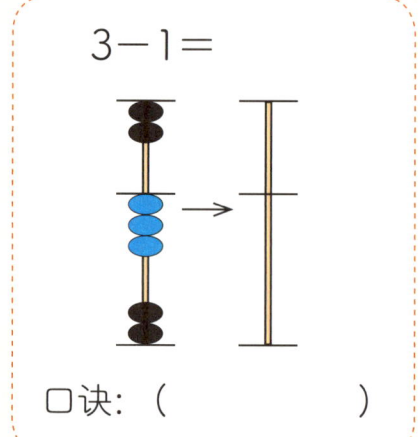

口诀：（　　　　）

一起来交流

在算盘上算 2＋2，可以直接加，用口诀二上二，下珠往上拨 2 颗就行。

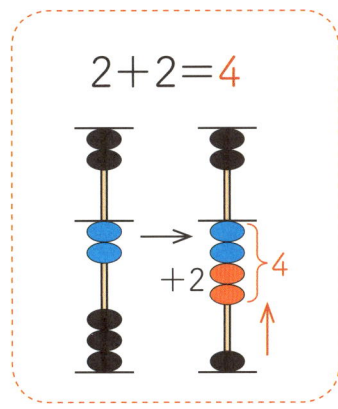

在算盘上算 3－1，可以直接减，用口诀一下一，下珠往下拨 1 颗就行。

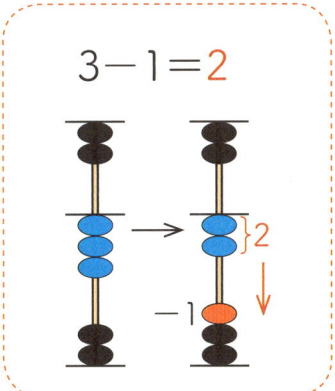

刚才我们研究的算盘上的这几道加减法叫作直加法、直减法。

如果在算盘上满五了怎么办？

是不是就要用到上珠了？因为1颗上珠代表5。

我们继续来研究算盘上满五的加法和破五的减法吧。

满五加法

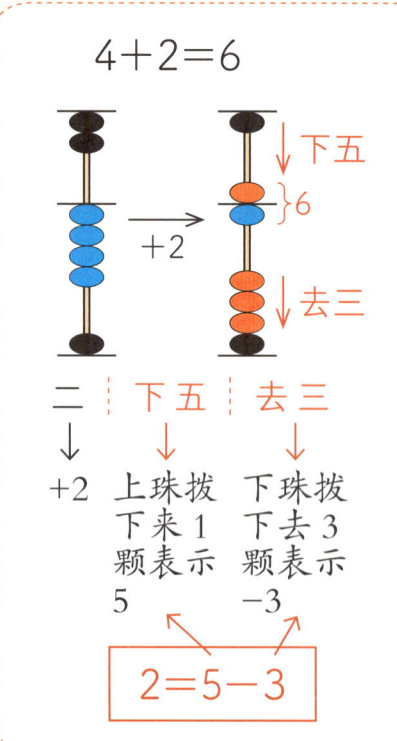

4＋2＝6

二 → ＋2
下五 → 上珠拨下来1颗表示5
去三 → 下珠拨下去3颗表示－3

2＝5－3

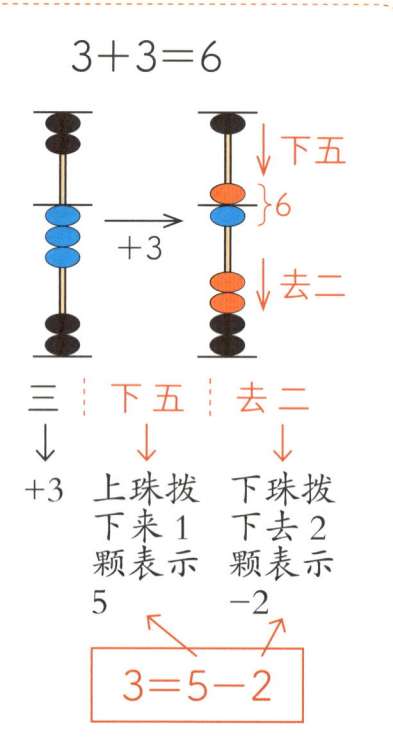

3＋3＝6

三 → ＋3
下五 → 上珠拨下来1颗表示5
去二 → 下珠拨下去2颗表示－2

3＝5－2

破五减法

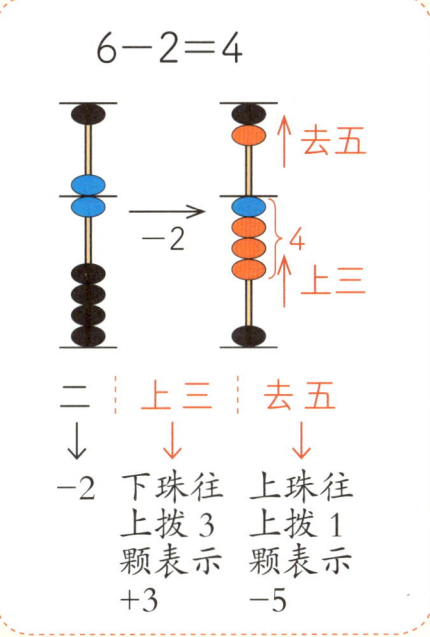

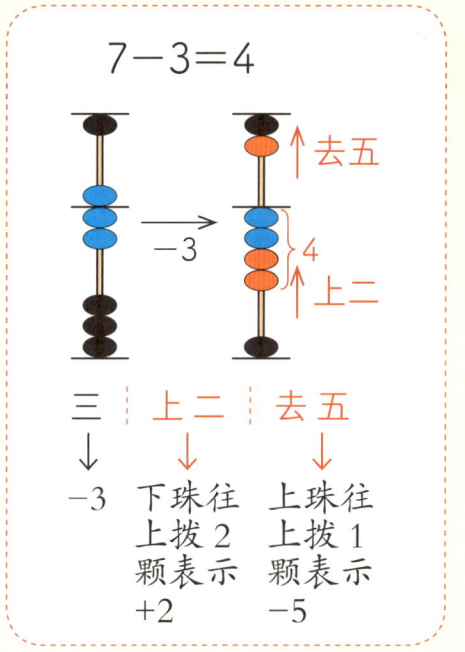

 画一画，填一填。

2+3=

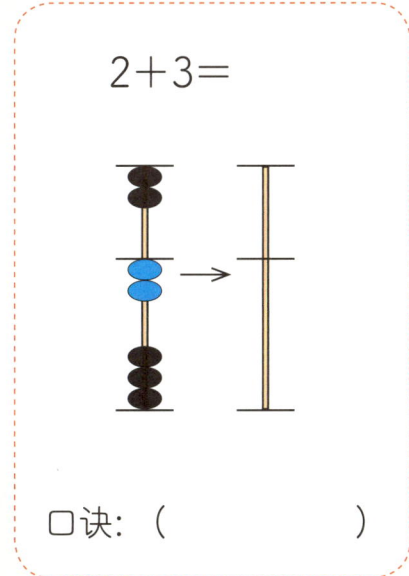

口诀：（　　　　）

5-1=

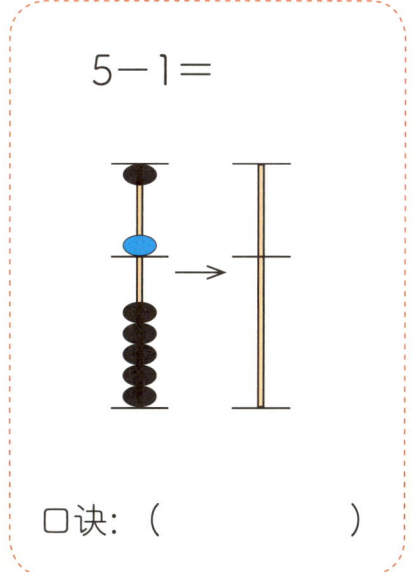

口诀：（　　　　）

一起来交流

在算盘上算 2＋3，已经满五了，可以想到口诀三下五去二，先下五（上珠往下拨 1 颗表示＋5），再去二（下珠往下拨 2 颗表示－2）。

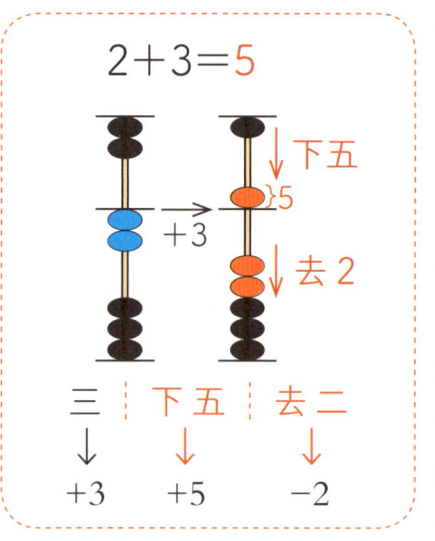

在算盘上算 5－1，已经破五了，可以用口诀一上四去五，先上四（下珠往上拨 4 颗表示＋4），再去五（上珠往上拨 1 颗表示－5）。

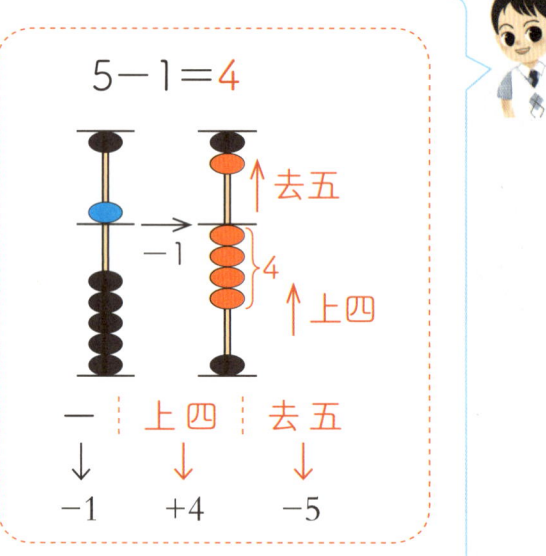

看来满五加法与破五减法跟上珠都有关系。加法满五时上珠往下拨 1 颗也就是下五，表示＋5；减法破五时上珠往上拨 1 颗也就是去五，表示－5。

文化链接 算盘计算的加减法口诀

加法口诀

一 上一	一 下五去四	一 去九进一
二 上二	二 下五去三	二 去八进一
三 上三	三 下五去二	三 去七进一
四 上四	四 下五去一	四 去六进一
五 上五		五 去五进一
六 上六	六 上一去五进一	六 去四进一
七 上七	七 上二去五进一	七 去三进一
八 上八	八 上三去五进一	八 去二进一
九 上九	九 上四去五进一	九 去一进一

减法口诀

一 下一	一 上四去五	一 退一还九
二 下二	二 上三去五	二 退一还八
三 下三	三 上二去五	三 退一还七
四 下四	四 上一去五	四 退一还六
五 下五		五 退一还五
六 下六	六 退一还五去一	六 退一还四
七 下七	七 退一还五去二	七 退一还三
八 下八	八 退一还五去三	八 退一还二
九 下九	九 退一还五去四	九 退一还一

常用的加法：直加法、满五加、进位加、破五进十加等。

常用的减法：直减法、破五减、退位减、退十补五减等。

 快和爸爸妈妈一起来挑战吧！

小朋友，算盘的加减法中也有满十加法、破十减法，可以与爸爸妈妈一起来研究。

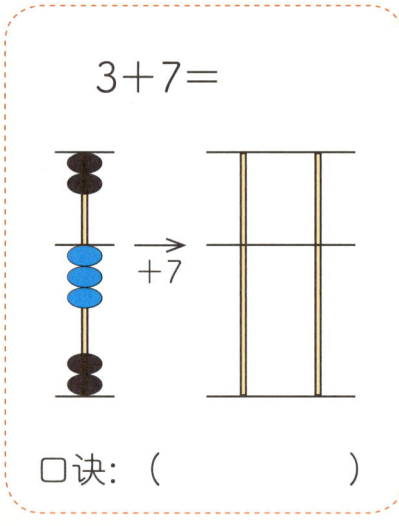

3＋7＝

口诀：（　　　　　）

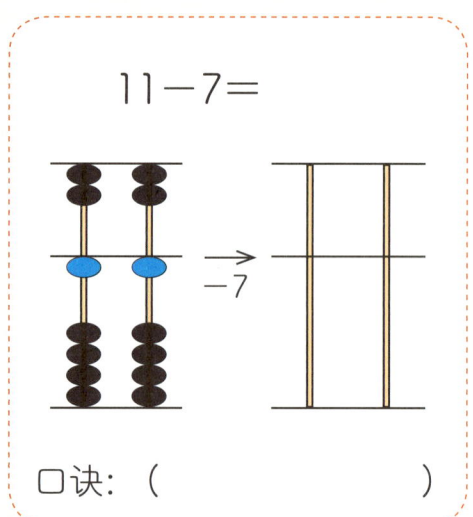

11－7＝

口诀：（　　　　　）

19 成语中的数学

小朋友们,有些成语中还蕴含着数学知识呢!我们一起来了解一下!

我正在学习成语呢!古人真有智慧,用几个字就能表达历史典故,还能讲述道理。比如千钧一发、才高八斗……

那当然啦!成语可是中国传统文化的一大特色。

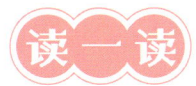

中华民族五千年文明史,源远流长,博大精深。丰富生动的成语既是文化的沉淀,也从侧面反映了中国计量史的悠久历史。

一落千丈

"丈"为长度单位,1丈等于10尺。该成语出自韩愈《听颖师弹琴》:"跻攀分寸不可上,失势一落千丈强。"该成语一开始是形容琴声由高到低陡然降落。现用来形容地位、景况、声誉等下降得很快。"1丈"相当于现在的3.33米。不过,在不同的朝代,"1丈"的长度也略有不同。

那么"千丈"到底有多高呢?我们来算一算吧。

1丈≈3.33米,千丈大约就是:1000×3.33=3330(米)。

我知道一层楼大约是3米高,3330米相当于多少层楼呀?

3330÷3=1110(层)。什么!相当于1000多层楼高呢!

世界上最高的建筑是哈利法塔,位于阿联酋迪拜,哈利法塔的总高度为828米,共有162层。"一千丈"大约是4座哈利法塔首尾相接那么高呢!

哈利法塔

"入木三分""寸步难行""垂涎三尺"中的"分""寸""尺"也是指长度哦！小朋友，你知道这三个成语的意思吗？

入木三分

相传晋代书法家王羲之在木板上写字，刻字的人发现墨汁透入木板有三分深（见于唐张怀瓘《书断》）。后用来形容书法刚劲有力，也用来形容议论、见解深刻。其中，"分"为长度单位，约等于现在的3.33毫米。

寸步难行

形容走路、行动困难，也比喻开展某项工作困难重重。也说寸步难移。其中，"寸"为长度单位，约等于现在的3.33厘米。

垂涎三尺

口水流下来有三尺长，形容非常嘴馋贪吃的样子。其中，"尺"为长度单位，约等于现在的3.33分米。

聪明的小朋友，你发现分、寸、尺、丈这几个长度单位之间的换算关系了吗？
1丈=10尺，1尺=10寸，1寸=10分。

小朋友们，我国的成语不仅有带有中国古代长度单位的，还有很多带有重量单位的呢！我们继续来研究吧。

锱铢必较

锱（zī）、铢（zhū）均为古代重量单位。这个成语指对很少的钱或很小的事都要计较，原形容办事非常认真，一丝不苟，现多形容过于吝啬或气量小。

"四锱一两，六铢一锱"，即锱为四分之一两，铢为二十四分之一两。

我们按照"1两＝50克"来算，那么"1锱"大约是50÷4＝12.5（克）；"1铢"大约是50÷24≈2（克）。

1枚1元硬币的重量大约10克，相当于"1锱"的重量。2枚回形针的重量大约2克，其重量和"1铢"差不多。

19. 成语中的数学

要是这么轻的量也要计较,那可真是"锱铢必较"了!

半斤八两

比喻彼此一样,不相上下(多含贬义)。

 我知道的是,10两=1斤,那么半斤就是5两,5两和8两,怎么能说是不相上下呢?

这个成语中的"斤""两"是旧制的重量单位。这里的1斤=16两,那么半斤=8两。因此,"半斤"和"八两"在古代所代表的重量是相等的哦!

千钧一发

出自《列子》,原义是千钧的重量系在一根头发上,形容事态极其危险。

 钧也是古代重量单位，1 钧＝30 斤。

千钧就是 3 万斤。一根头发上悬挂着 3 万斤的东西，真的是极其危险了！

 快和爸爸妈妈一起来挑战吧！

小朋友们，你会读下面这些成语吗？里面又藏着什么数学知识呢？你们还知道哪些成语中也含有计量单位吗？查一查，写一写！

退避三舍　　无独有偶　　咫尺天涯　　循规蹈矩

20 兔子跑步

 如图，小兔子每次跳2格，跳几次能到家？

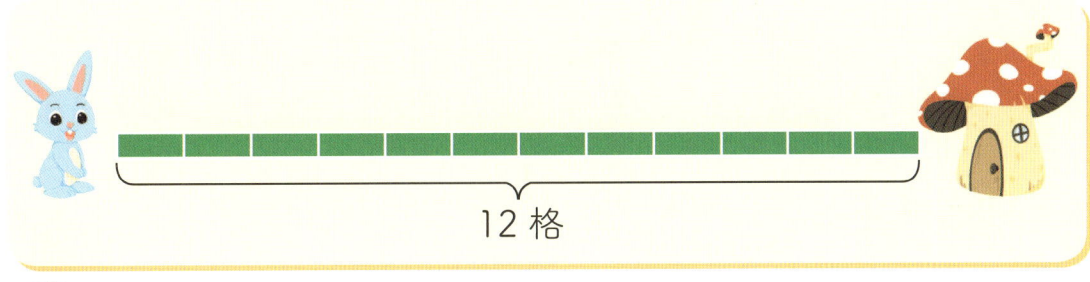

12格

 可以用画一画、算一算等方法来解决这个问题！

小兔子每次可以跳2格，一共要跳12格，那么12÷2=6（次），小兔子跳6次就能到家。

动手操作 先画一画，再算一算。

如图，两只兔子都是一秒钟跳一次，蓝兔子1次跳1格，黄兔子1次跳2格，它们面对面同时跳，跳几次相遇？

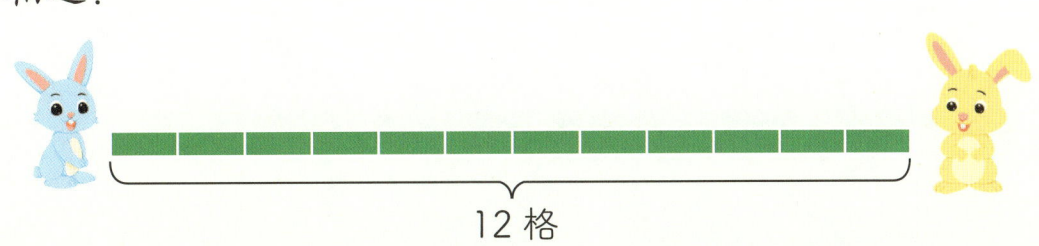

12格

这个问题是两只兔子同时向中间跳,要一同考虑它们俩!

我先画一画:

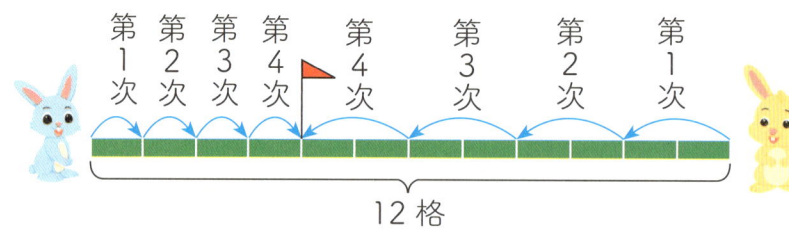

跳 4 次才能相遇。

我来算一算:
因为每跳一次,两只兔子的距离就缩短 3 格,那么 12÷(2+1)=4(次),跳 4 次就能相遇。

练一练

如图,两只兔子都是一秒钟跳一次,蓝兔子 1 次跳（　　）格,黄兔子 1 次跳（　　）格,它们面对面同时跳,跳几次才相遇?

12 格

一起来交流

这道题,该怎么解决呢?

可以尝试着填两个数字,看相加后能不能整除12,然后利用除法算式进行计算。

想法一:蓝兔子1次跳1格,黄兔子1次跳3格,那么需要12÷(1+3)=3(次)才相遇。

想法二:蓝兔子1次跳1格,黄兔子1次跳5格,那么需要12÷(1+5)=2(次)才相遇。小朋友们,你们还有其他想法吗?

算一算

甲、乙两人分别从两地骑车同时相向而行,甲每小时行20千米,乙每小时行18千米。两人相遇时距全程中点2千米,求全程长多少千米?

一起来交流

好好考虑相遇点距中点 2 千米的意思，再去解决。

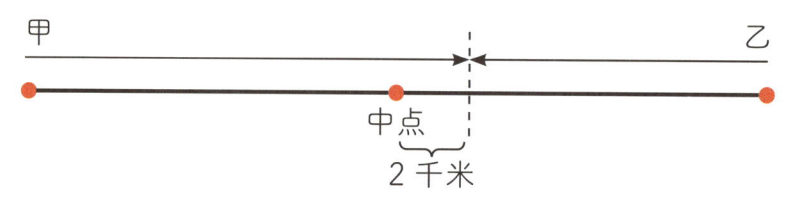

两人相遇时距全程中点 2 千米，又因为甲的速度比乙的快，那么甲一共行驶了全程的一半多 2 千米，乙行驶了全程的一半少 2 千米。所以两人一共行驶的距离相差 2×2＝4（千米）。4÷（20－18）＝2（小时），即甲、乙各行驶了 2 小时。那么总路程是 (20＋18)×2＝76（千米）。

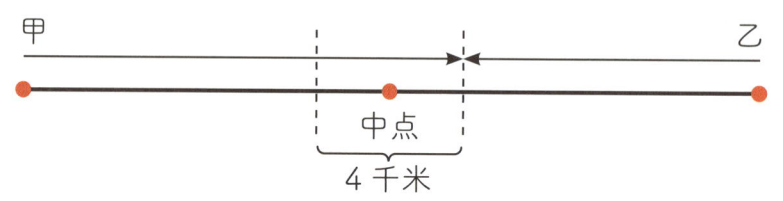

❶ 如果是一边动一边不动，那么总格数÷每次跳的格数＝次数。
❷ 如果两边都动，那么总格数÷（两边跳的格数之和）＝次数。

小朋友们，你们学会了吗？

  小朋友们，难度升级啦，我们继续来挑战吧。

两只兔子相距 15 格，它们都是一秒钟跳一次，蓝兔子 1 次跳 1 格，灰兔子 1 次跳 2 格，蓝兔子先跳 3 次，灰兔子才跟着一起跳，还要跳几次才能相遇？

 这个问题和前面的有什么区别吗？

前面的问题中两只兔子都是同时跳，而这个题中是蓝兔子先跳，灰兔子后跳。

 那就不能用之前的方法解决了，该怎么办呢？

先用总共的15格去掉蓝兔子先跳的3次距离，剩余的距离再除以它们每次跳的距离和，就是次数了！

我来算一算：15－3×1＝12（格）；
12÷（2＋1）＝4（次）。

快和爸爸妈妈一起来挑战吧！

如图，两只兔子都是一秒钟跳一次，蓝兔子1次跳1格，黄兔子1次跳2格，蓝兔子先跳3次，黄兔子才跟着一起跳，还要跳几次才能相遇？

12格

你可以通过画一画，再练一练，最后算一算的方式去解决！

21 古诗中的数学

扫码听讲解

小朋友,你知道李白是谁吗?李白是唐代诗人,他很喜欢写诗。

哇!我最喜欢的诗人就是"诗仙"李白!我要好好学习这首诗!

李白买酒
李白街上走,提壶去买酒。
遇店酒加倍,见花饮八口。
三遇店和花,喝光壶中酒。
试问酒壶中,原有多少酒?

这首诗描绘的是李白赏花和喝酒的故事,其中还蕴含着许多数学信息呢!

对!"加倍"就是乘2,"饮八口"就是减8,"喝光"就是0。让我们一起去研究这首诗里的数学问题吧!

关键词分析:酒加倍——乘2;饮八口——减8。
"三遇店和花"转化:一遇、二遇、三遇店和花。

转化1:

　　遇店酒加倍,见花饮八口。一遇店和花,喝光壶中酒。

一遇店和花:

$$\Box \xrightarrow{\times 2} \Box \xrightarrow{-8} 0$$

$(0+8)\div 2=4$(口)

原来诗中含有"倒推"的数学思想呀!

转化2:

　　遇店酒加倍,见花饮八口。二遇店和花,喝光壶中酒。

二遇店和花:

$$\Box \xrightarrow{\times 2} \Box \xrightarrow{-8} \Box \xrightarrow{\times 2} \Box \xrightarrow{-8} 0$$

$(0+8)\div 2=4$(口), $(4+8)\div 2=6$(口)

转化3：

遇店酒加倍，见花饮八口。三遇店和花，喝光壶中酒。

三遇店和花：

□ ×2→ □ -8→ □ ×2→ □ -8→ □ ×2→ □ -8→ 0

（0+8）÷2=4（口），（4+8）÷2=6（口），
（6+8）÷2=7（口）

通过这样三次"倒推"，我们就知道酒壶中一开始有多少酒了！

 小朋友，你想明白了吗？像这样倒推思考问题的方法，我们可以称之为"倒推法"。让我们接着试试看吧！

按前面的思路，李白的酒壶内一开始至少有多少口酒，才能保证永远喝不完？

一起来交流

按前面的思路，酒壶内一开始有7口酒的话会喝完，那我觉得要比7口多。我通过计算看看8口酒是否喝得完！8×2－8＝8（口），8×2－8＝8（口），……，通过计算发现，8口酒真的永远会有剩。

我发现只要比8口酒多，就永远喝不完！因为乘2再减8，只会越来越多！

我还发现比8口酒少的情况都是会喝完的，因此想要永远喝不完，酒壶内一开始至少有8口酒。

大家的想法都非常正确！当酒壶内一开始有8口酒时，每遇店和花之后，还是8口酒；当多于8口酒时，每遇店和花之后，酒壶里的酒会越来越多；当小于8口酒时，每遇店和花之后，酒壶里的酒会越来越少，很快就喝完了。因此，在解决此类问题时，我们可以先观察前面几个步骤的结果，尝试找出规律，然后根据规律对后续的结果进行判断。

一起来看看下面这道题吧!

甲乙两桶油各有若干千克,如果要从甲桶中倒出和乙桶同样多的油放入乙桶,再从乙桶倒出和甲桶同样多的油放入甲桶,这时两桶油恰好都是36千克。问两桶油原来各有多少千克?

这真是一道难题啊,我一下子想不到,我要请教一下小博士!

这个问题比之前的更有难度，因为经过了两次变化，那么我们就需要通过两次倒推，求出结果！

甲：$36 \xrightarrow{\div 2} 18 \xrightarrow{+27} 45$

乙：$36 \xrightarrow{+18} 54 \xrightarrow{\div 2} 27$

该类题目是"倒推问题"，我们可以利用倒着推想的方式去完成。从后面，一步一步推向最前面，便可解决。

小窍门：加变减、减变加、乘变除、除变乘。

一个数经过自加、自减、自乘、自除得到的4个数之和是100，这个数是多少？

一起来交流

一个数,作了4次不同的运算,最终它们的和是100。我知道自减得数是0,自除得数是1,但我不知道自加和自乘后得数是几。

先利用倒推法,100−0−1=99,说明自加与自乘后的和是99;这里我还考虑到自乘后比99小,因此这个数必须小于10;我用9试一试:9+9+9×9=99。我算出来了,这个数是9啊!

你们的想法真棒!小朋友,你看懂了吗?

文化链接　　"诗仙"李白

　　李白(701—762),字太白,号青莲居士,唐代伟大的浪漫主义诗人,出生于西域,幼时随父迁居绵州昌隆(今四川江油)。

　　李白为人爽朗大方,乐于交友,爱好作诗。曾经得到唐玄宗李隆基赏识,担任翰林供奉,后赐金放还,游历全国。他的代表作有《望庐山瀑布》《行路难》《蜀道难》《将进酒》等。

李白的诗豪迈奔放，瑰丽动人，想象丰富，后世誉为"诗仙"，与"诗圣"杜甫并称"李杜"。

 快和爸爸妈妈一起来挑战吧！

❶ 一个数减24加上15，再乘8得432，求这个数。

❷ 一个数的4倍加上6减去10，再乘2得88，求这个数。

这两个数，你会正着想，还是倒着想呢？跟爸爸妈妈说一说。

22 神奇的"杨辉三角"

下面的数字三角形看起来很有趣，让我们一起来看看它是什么吧。

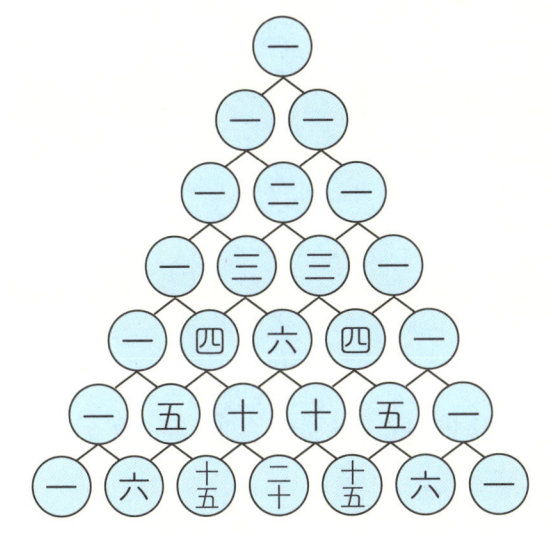

这个三角形数阵被后人称为"杨辉三角"。为什么叫"杨辉三角"呢？我们一起来了解一下吧。

　　"杨辉三角"是由数字排成的三角形数表，是二项式系数在三角形中的一种几何排列。我国南宋数学家杨辉在其著作《详解九章算术》中，用该三角形解释了二项和的乘方规律。

《详解九章算术》

贾宪（北宋数学家，约11世纪）在《释锁算术》中就用过这个三角形，比杨辉还要早！因此也有人称它"贾宪三角"。

帕斯卡（法国数学家，1623—1662）在1654年发现了此三角，比贾宪晚了600多年。在欧洲，人们习惯称它为"帕斯卡三角"。

牛顿（英国数学家、物理学家，1643—1727）的"二项式定理"也和"杨辉三角"有着密切关联呢！

其实，中国古代数学家在数学的许多重要领域中均处于遥遥领先的地位。中国古代数学史曾经有自己光辉灿烂的篇章，而"杨辉三角"的发现就是十分精彩的一页。

这个数表看起来简单，但它蕴含着许多有趣的规律哦！

哇，这个三角形数阵居然有好几个名字，它还和二项式有关呢！

是啊，"杨辉三角"是我国数学史上的一个伟大成就！我们一起来研究一下这个神奇的数阵吧。

小朋友们，了解了"杨辉三角"的历史，现在让我们一起去探寻"杨辉三角"里的数学奥秘吧！

仔细观察右边的"杨辉三角"，每一行的数字都是怎么得到的？有什么规律？你能继续填出下面两行的数字吗？

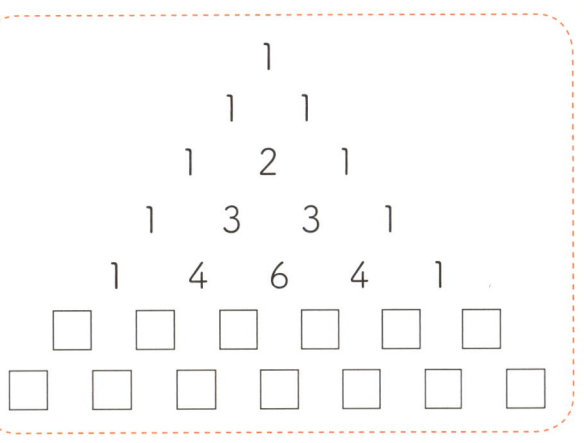

一起来交流

 我看出来啦！三角形两条腰上的数字都是"1"，中间的数要怎么填呢？

很简单的！我们想象第一行的"1"两旁有看不见的数字"0"，把相邻的两个数字相加，就会得到下一行。以此类推，就能得到一个"杨辉三角"。

  小朋友们，你们找到规律了吗？你们知道第100行左数第二个数是几吗？

 你是怎么想的？写一写你的思考过程。

```
            1
          1   1
        1   2   1
      1   3   3   1
    1   4   6   4   1
  1   5  10  10   5   1
1   6  15  20  15   6   1
            ……
```

一起来交流

现在我们需要斜着看：斜着的第二列是除0外的自然数列，那么第100行左数第二个数就是99哦！

```
              1
            1   1
          1   2   1
        1   3   3   1
      1   4   6   4   1
    1   5  10  10   5   1
  1   6  15  20  15   6   1
               ……
```

有了这个规律，第10000行都不在话下！

你知道吗？

通过前面的讲解，我们已经知道，在"杨辉三角"中，斜着看第一列均为1，第二列为除0外的自然数列，那么第三列呢？1，3，6，10，15，21，……这些数量的点（石子），都可以排成三角形，像这样的数被称为三角形数。

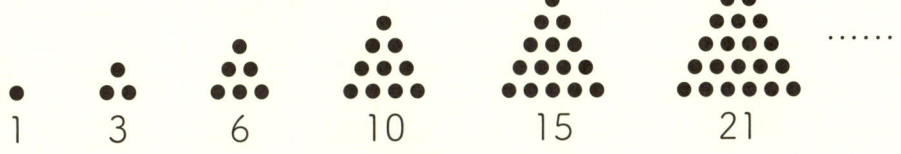

类似地，第四列是四面体数，也叫三角锥体数。顾名思义，它们代表由三角形构成的四面体所需要的点的数目，四面体数每层为三角形数。

"杨辉三角"中还有什么数学奥秘呢？我们继续来探究。

 将"杨辉三角"中每一行的数字相加，你有什么发现吗？

1=1
1+1=2
1+2+1=
1+3+3+1=

 每一行的数字之和，可以看成是几个2相乘哦！比如第4行的数字之和为8，可以看成是3个2相乘：2×2×2=8；第5行的数字之和为16，可以看成是4个2相乘：2×2×2×2=16。

像2×2×2这样连续由几个相同的数相乘的算式，我们还可以简写成：2^3，读作：二的三次方。还有：2×2×2×2×2=2^5，3×3=3^2，……

 根据规律，想一想第100行的数字之和是多少？

文化链接　伟大的数学家

刘　徽

刘徽（约225—约295），魏晋期间伟大的数学家，中国古典数学理论的奠基人之一。他是中国最早明确主张用逻辑推理的方式来论证数学命题的人。他的著作《九章算术注》和《海岛算经》是宝贵的数学遗产。

祖冲之

祖冲之（429—500），南北朝时期杰出的数学家、天文学家。一生钻研自然科学，其主要贡献在数学、天文历法和机械制造三个方面。他在刘徽开创的探索圆周率的精确方法的基础上，首次将"圆周率"精确到小数点后第七位。

秦九韶

秦九韶（1208—1268），南宋著名数学家，与李冶、杨辉、朱世杰并称宋元数学四大家。其著作《数书九章》中的大衍求一术、三斜求积术和秦九韶算法是有世界意义的重要贡献，表述了一种求解一元高次多项式方程的数值解的算法——正负开方术。

快和爸爸妈妈一起来挑战吧！

❶ 查一查：在"杨辉三角"中，还有许多有趣的数学规律和数学知识的应用，小朋友们可以自己上网查找、询问爸爸妈妈或老师，尝试着去探索发现哦！

❷ 记一记：小朋友们，你还认识哪些古今中外著名的数学家？和爸爸妈妈一起查阅资料，记录他们的名字吧！

23 1张纸的厚度

扫码听讲解

1张纸有多厚?让我们一起来算一算吧!

动手操作

研究问题:1张纸有多厚? 10000张纸叠起来有多厚?
材料准备:数学课本、尺子。

一起来交流

1张纸那么薄,怎么测量? 10000张纸,去哪里找那么多纸呢?

1张纸虽然薄,但是叠在一起就能测量出厚度呀!我们可以利用数学课本来研究一下!

同学们,请你观察1本数学课本,它有(　　)张纸,共厚(　　)厘米。

记住哦!我们要数出纸张页数,不是页码数哦!厚度÷纸张数=1张纸的厚度。

  2本、5本、10本数学课本有多厚?你打算怎么研究?

一起来交流

 我们可以多找几本数学课本,摞起来量一量。

请你按照融融的方法量一量,算一算:

我拿了(　　)本数学课本,一共厚(　　)厘米。

刚刚已经量出1本数学课本的厚度,可以通过乘法计算得出多本数学课本的厚度!

请你按照慧慧的方法算一算:

1本数学课本的厚度是(　　)厘米;2本数学课本的厚度是(　　)厘米;5本数学课本的厚度是(　　)厘米;(　　)本数学课本的厚度是(　　)厘米。

 还可以算出多本数学课本一共有几张纸,再乘上1张纸的厚度!

请你按照华华的方法算一算：

1张纸的厚度是（　　）厘米，2本数学课本一共有（　　）张纸，因此2本数学课本一共厚（　　）厘米。5本呢？10本呢？请你接着算一算。

探究思考

图画书中的1张纸有多厚？还有其他类型的纸，1张有多厚？

 不同的纸厚度是不一样的，比如数学课本的封面就比它的内页厚一点！

我们可以利用前面的研究过程，来继续探索哦！

10000 张纸有多厚？请你用不同的方法算一算。

❶ 利用 1 张纸有多厚计算：

❷ 10000 张纸的厚度相当于多少本数学课本的厚度？

❸ 我还有其他方法：

 快和爸爸妈妈一起来挑战吧！

小朋友，如果你在研究纸张厚度的过程中遇到了问题，可以请教爸爸妈妈哦！请你用照片或视频的形式记录一下研究过程吧。

24 1粒米的质量

扫码听讲解

  1粒米的质量是多少呢？

动手操作

研究问题：1粒大米的质量是多少呢？10000粒大米的质量是多少？

材料准备：大米若干，电子秤。

 我觉得这个问题和"1张纸的厚度"问题相似。

没错！1粒米那么小，肯定不好研究，但是10000粒米的质量就很容易称量了！

 10000粒米太难数了，我们可以先研究100粒米！

  请你设计自己的研究思路,并进行研究哦!

你打算先研究什么?把你的研究方法记录下来。

比一比 你的思路和下面的一样吗?按下面的思路研究一下吧!

① 数一数:先数出100粒米。你觉得100粒米多还是少?
② 称一称:用电子秤称出100粒米的质量。
③ 算一算:算出1粒米的质量大约为多少克?

经过计算,1粒米的质量大约是(　　)克。

  继续研究：你们家一顿饭，大约吃掉多少粒米？

 那可太多粒了，怎么数得清呢？

我觉得可以先称出米的总质量，我们就能算出来了！

请你算一算：
　　你们家一顿饭大约吃掉（　　）克的米，大约有（　　）粒。

 生活中真是处处有数学呀！

研究一个问题的时候，计划很重要！而且解决问题的方法还不止一种呢！

想一想 你的收获是什么？

快和爸爸妈妈一起来挑战吧！

你还想继续研究什么？请和爸爸妈妈一起动手试一试吧！

参考答案

① 有趣的七巧板

（略）

② 分月饼

（略）

③ 剪圆片

亲子乐园

39 个。

④ 数线段

亲子乐园

3+2+1=6（条）。

⑤ 有趣的规律

亲子乐园

❶ 12　14　❷ 26　37　❸ 6　1　❹ 7　9

6 神秘的算筹

（略）

7 巧算24点

活动三

练一练

拿到的4张扑克牌	计算过程	能算出24的画"√"
2　3　10　Q	10÷(3+2)×12=24	√
3　3　6　K	(13-3×3)×6=24	√
A　4　Q　8	12÷4×8×1=24	√
5　6　J　K	(13+11)×(6-5)=24	√

8 中国古代的长度单位

（略）

9 时间知多少

（略）

⑩ 乘法与图形

（略）

---

⑪ 就餐人数

亲子乐园

可以选 ❷ 号和 ❸ 号：

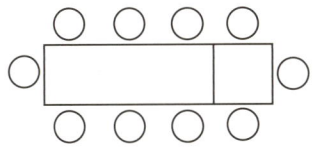

4×2+2=10（人）

也可以选 ❶ 号和 ❹ 号：

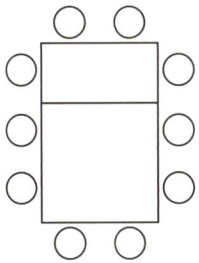

3×2+2×2=10（人）

---

⑫ 过河问题

亲子乐园

（25−5）÷（5−1）=5 次，5+1=6（次）。

---

⑬ 数学与体育

亲子乐园

28=1+2+3+4+5+6+7，7+1=8（个）。

⑭ 1支笔多少钱

亲子乐园

❶ 15+5=20（元）。

❷ （15+25）÷（3-1）=20（元）。

---

⑮ 倍数问题

亲子乐园

❶ 蓝色珠子：12个；黄色珠子：4个。

❷ 紫花：10朵；橙花：2朵。

---

⑯ 蜗牛爬井

亲子乐园

乌龟爬到井口需要的天数：（9-3）÷（3-1）=3(天)，3+1=4(天)；蜗牛第4天往上爬了2米，当乌龟爬到井口时，蜗牛还没下滑，因此蜗牛一共爬了2+3×（2-1）=5(米)，距离井口：9-5=4(米)。

17 数独游戏

亲子乐园

5	1	6	2	7	4	3	9	8
7	9	3	5	6	8	4	1	2
8	2	4	3	9	1	7	6	5
4	5	1	6	3	7	2	8	9
3	7	2	1	8	9	6	5	4
9	6	8	4	5	2	1	3	7
2	3	5	8	4	6	9	7	1
6	4	9	7	1	5	8	2	3
1	8	7	9	2	3	5	4	6

9	2	1	5	4	6	7	3	8
6	5	7	8	3	9	2	4	1
4	3	8	2	7	1	6	5	9
5	1	4	7	8	3	9	6	2
7	8	9	6	5	2	4	1	3
2	6	3	1	9	4	8	7	5
1	4	5	9	2	7	3	8	6
3	9	6	4	1	8	5	2	7
8	7	2	3	6	5	1	9	4

18 算盘知多少

亲子乐园

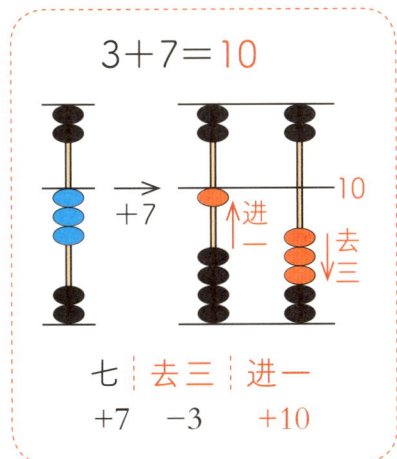

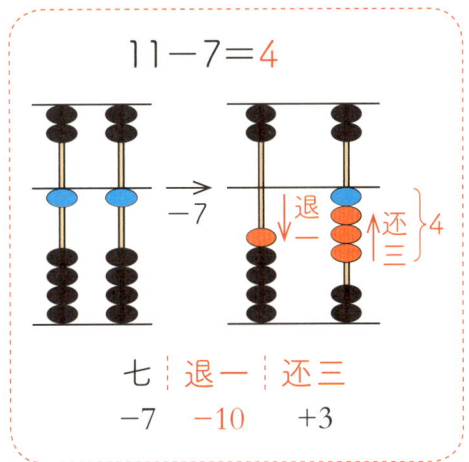

19 成语中的数学

（略）

20 兔子跑步

亲子乐园

12−1×3=9（格），9÷(1+2)=3（次）。

21 古诗中的数学

亲子乐园

❶ 432÷8−15+24=63 ❷ (88÷2+10−6)÷4=12

22 神奇的"杨辉三角"

（略）

23 1张纸的厚度

（略）

24 1粒米的质量

（略）

附页：

❶ 有趣的七巧板（七巧板 1 个）

❷ 分月饼（圆片 3 个）

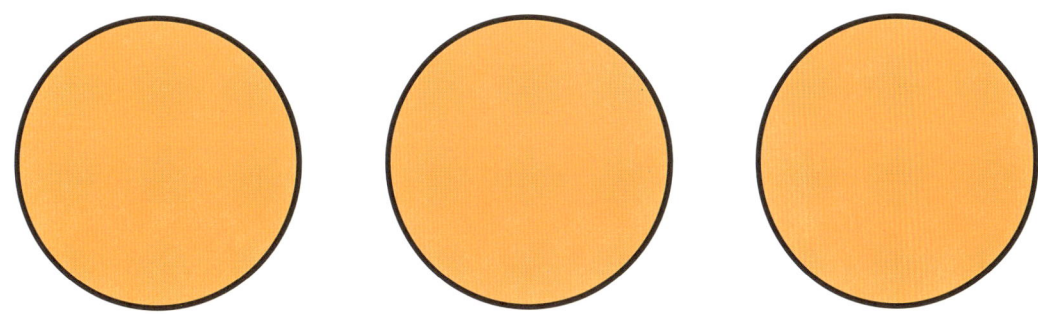

❿ 乘法与图形（圆形 10 个、正方形 10 个、三角形 10 个）

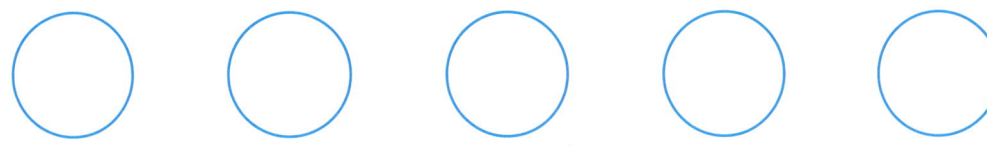
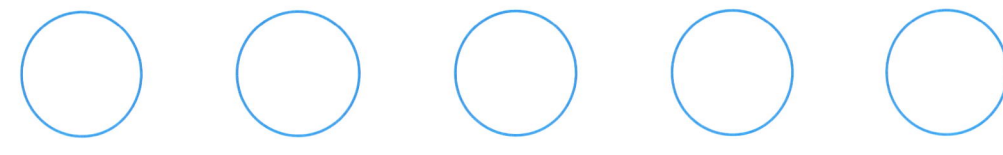
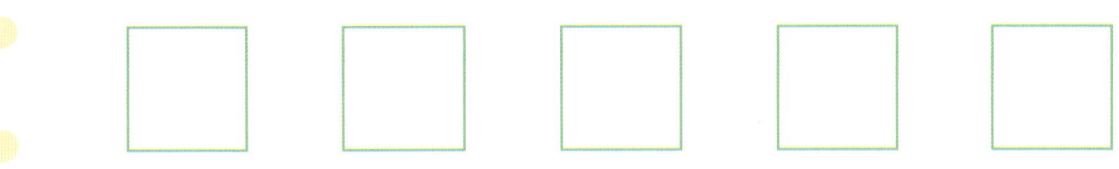

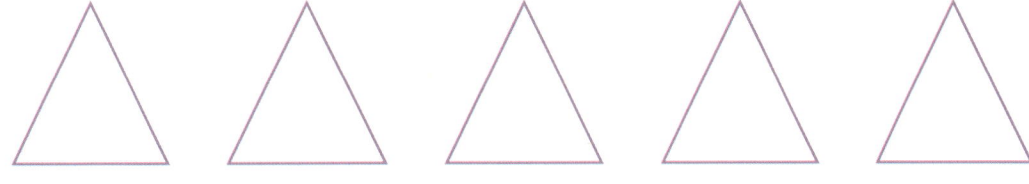
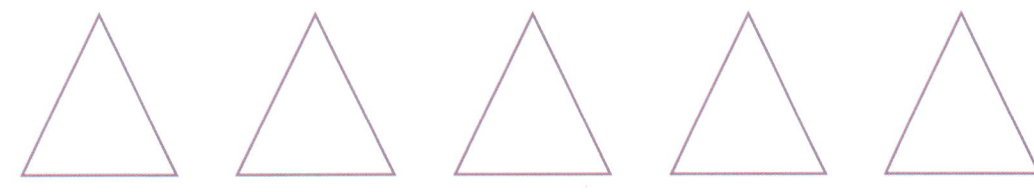